Josuttis · Die dunkle Seite des Balles

Konstantin Josuttis

Die dunkle Seite des Balles

34 Spieltage und ein Finale

Arete Verlag Hildesheim

Bibliografische Information der Deutschen Nationalbibliothek
Die Deutsche Bibliothek verzeichnet diese Publikation in der Deutschen Nationalbibliografie; detaillierte bibliografische Daten sind im Internet über http://dnb.ddb.de abrufbar.

© 2018 Arete Verlag Christian Becker, Hildesheim
www.arete-verlag.de

Das Werk und seine Teile sind urheberrechtlich geschützt. Jede Nutzung in anderen als den gesetzlich zugelassenen Fällen bedarf der vorherigen schriftlichen Einwilligung des Verlages. Dies gilt auch und insbesondere für Vervielfältigungen, Übersetzungen, Verfilmungen und die Einspeicherung sowie Datenvorhaltung in elektronischen und digitalen Systemen.

Layout, Satz und Umschlag: Composizione Katrin Rampp, Kempten
Druck und Verarbeitung: Pressel Druck, Remshalden
ISBN 978-3-942468-92-3

Inhalt

Vorwort 7

Hinrunde
1. Spieltag – Sicherheit 8
   (18. Spieltag – Geschenke)
2. Spieltag – Das Mikrofon 12
   (19. Spieltag – Wellen)
3. Spieltag – Der Bruder 17
   (20. Spieltag – Ein Leben)
4. Spieltag – Rituale 19
   (21. Spieltag – Heim)
5. Spieltag – Nemesis 23
   (22. Spieltag – Blutgrätsche)
6. Spieltag – Strumpfband 27
   (23. Spieltag – Sondertraining)
7. Spieltag – Schüsse aufs Tor 31
   (24. Spieltag – Der Torschuss)
8. Spieltag – Der Fan 33
   (25. Spieltag – Fangemeinde)
9. Spieltag – Kaisers 36
   (26. Spieltag – Eiffelturm)
10. Spieltag – Duschtrakt 38
    (27. Spieltag – Der Mongole)
11. Spieltag – Blitzlichter 41
    (28. Spieltag – Schule)
12. Spieltag – Der Boss 46
    (29. Spieltag – Ablösesumme)
13. Spieltag – Der Poet 50
    (30. Spieltag – Der Poet II)
14. Spieltag – Die Kanüle 52
    (31. Spieltag – Die Trauerfeier)

15. Spieltag – Die Linie 56
   (32. Spieltag – Die Chemie muss stimmen)
16. Spieltag – Regenbogen 58
   (33. Spieltag – Familientag)
17. Spieltag – Haupttribüne 60
   (34. Spieltag – Meisterschaft)

Rückrunde
18. Spieltag – Geschenke 63
19. Spieltag – Wellen 65
20. Spieltag – Ein Leben 67
21. Spieltag – Heim 69
22. Spieltag – Blutgrätsche 73
23. Spieltag – Sondertraining 77
24. Spieltag – Der Torschuss 81
25. Spieltag – Fangemeinde 82
26. Spieltag – Eiffelturm 85
27. Spieltag – Der Mongole 86
28. Spieltag – Schule 90
29. Spieltag – Ablösesumme 93
30. Spieltag – Der Poet II 97
31. Spieltag – Die Trauerfeier 98
32. Spieltag – Die Chemie muss stimmen 100
33. Spieltag – Familientag 103
34. Spieltag – Meisterschaft 105
Finale – Maracanã 108

Widmung und Danksagung 113
Der Autor 114

Vorwort – Wie dieses Buch zu lesen ist

Dieses Buch ist wie eine imaginäre Fußball-Erstliga-Spielzeit aufgebaut. Die vierunddreißig Spieltage bestehen jeweils aus einer Geschichte, wobei jede Geschichte in zwei Episoden erzählt wird – einmal im Hinspiel und einmal im Rückspiel. Es gibt also siebzehn verschiedene Geschichten in der Hinrunde und die jeweiligen Fortsetzungen in siebzehn Geschichten in der Rückrunde. Man kann dieses Buch dementsprechend chronologisch durchgehen oder aber, wenn man nicht abwarten kann, wie die gerade gelesene Geschichte weitergeht, das Rückspiel dieser Geschichte direkt anschließend lesen (z. B. nach dem ersten Spieltag direkt zum achtzehnten Spieltag springen).

Dabei werden Spieltag für Spieltag vermeintlich verrückte und absurde Geschichten abseits des Platzes erzählt und Facetten dieser wahnwitzigen Glitzerwelt beleuchtet, die sonst kaum ans Tageslicht kommen.

Am Ende steht das große Finale, das noch einmal alles bisher Geschehene in einen anderen Blickwinkel setzt.

Jegliche Ähnlichkeit zu realen Personen ist in den *meisten* Fällen unbeabsichtigt und reiner Zufall.

Hinrunde

1. Spieltag – Sicherheit

Der Ball kam von links außen hoch hinein. Die Flugkurve glich einer Bogenlampe und so war es kein Problem, den Ball auf die Außenbahn nach vorne zu köpfen. Es war noch zu früh. Er blickte zurück auf den gegnerischen Stürmer, der wieder einmal bedröppelt einer nicht vorhandenen Chance nachblickte. Dominguez war für viel Geld geholt worden und sollte in dieser Saison in der Bundesliga einschlagen. Doch bisher stand er nur herum und wartete auf die göttliche Eingebung, die in Form einer perfekten Flanke bei ihm landen sollte. Der wird sich noch umsehen, dachte Reiter und blickte dem nächsten Angriff entgegen.

Er würde noch zehn Minuten warten, würde noch den unüberwindbaren Innenverteidiger geben, würde die undurchdringliche Mauer sein, als die er gekauft worden war. In seinem Fußballerleben hatte er schon einiges mitgemacht und so blieb nicht mehr viel übrig, an das er glauben konnte. Er erinnerte sich an die Zeit, als er das erste Training bei den Profis mitmachen durfte, damals in Hamburg. Er war aufgeregt gewesen und hatte noch an das Spiel geglaubt. An das richtige Spiel, das perfekte Spiel. Er hatte sogar an das göttliche Prinzip geglaubt, das in einem perfekten Spiel zu finden war. Und er hatte es erlebt. Ein oder zwei Mal. Das perfekte Spiel, wie eine Offenbarung, wie ein Zeichen, das nun alles gut wird. Aber es war nie alles gut geworden. Es gab Verletzungen, schlechte Mitspieler, unfähige Trainer, eine zerrissene Vereinsführung, alles Bedrohungen der eigentlich einfachen Wahrheit, die hinter diesem perfekten Spiel steckte.

Und so war aus einem designierten Nationalspieler ein mittelmäßiger, wenn auch solider Innenverteidiger geworden. Es ging nicht darum, zu gewinnen oder zu verlieren, das hatte er gelernt. Es ging um Sicherheit, nicht um den Kick. Und für seine Sicherheit sorgte er nun selber.

Als der Ball in der anderen Hälfte des Feldes war, schaute er auf die Stadionuhr. Die 80ste Minute brach an. Es wurde langsam Zeit. Aber zunächst musste er beweisen, dass er um jeden Preis gewillt war, zu gewinnen. Als der Ball zu Dominguez in die Gasse gespielt wurde, grätschte er ohne Not seitlich hinein, sodass der kleine Peruaner aufschrie und ihn dann am Boden liegend fassungslos ansah. Reiter stand über ihm und sagte: „Ihr seid doch Härte gewohnt in Peru." Der Schiedsrichter kam angerauscht und zückte wie erwartet die gelbe Karte. Das würde später helfen.

Der Freistoß brachte nichts ein. Es würde eines der langweiligeren torlosen Unentschieden werden, das die Zuschauer und Fans schon nach dem ersten Spieltag auf den Boden der Tatsachen zurückwerfen und ihnen die hässliche Seite des Fußballs vergegenwärtigen würde. Wenn nicht ...

Die nächste Flanke, die verzweifelt in den Strafraum hineingebracht wurde, klärte er zur Ecke. Souverän. Keiner würde etwas merken.

Er hatte eine Familie, und die Immobilien kosteten mehr als sie einbrachten. Der Eckball flog viel zu weit und landete im Aus, ohne dass er von irgendjemandem berührt wurde. Aber Reiter hatte gelernt, geduldig zu sein. Es ergaben sich immer Chancen. Selbst in der 92sten Minute. Es stellte sich heraus, dass er so lange nicht zu warten brauchte. Als seine Leute einen Konter nach vorne setzten und den Ball schon im Mittelfeld dümmlich verloren, kam die Situation, auf die er gewartet hatte. Der Ball wurde außen auf Hach gespielt, der zum ersten Mal in diesem Spiel einen gescheiten Ball in den Strafraum brachte. Während Reiter den Ball auf sich zufliegen sah, überlegte er, was besser sei: ihn einfach durchzulassen oder ihn selber reinzumachen. Es ging um Sicherheit. Er musste sein Leben planen. In den Interviews sagte er immer, wie alle anderen auch, dass es nur um den Verein ginge, aber jeder wusste, dass das Quatsch war. Der Verein würde immer weiter bestehen, würde selbst mit den versteckten Millionen an Schulden nicht untergehen. Irgendein bekloppter Investor fand sich immer. Für einen alternden Spieler fanden sich aber keine Investoren. Er musste planen. Und er plante die elegantere Lösung. Er trat am Ball vorbei, sodass der Peruaner frei zum Schuss kommen konnte. Allerdings hatte er die Dummheit des Mannes unterschätzt. Dominguez war so überrascht, dass der Ball zu weit von seinem Fuß absprang. Die anderen kamen zurück, die Situation war bereinigt.

Noch 5 Minuten. Immer noch genug Zeit.

Als der Mann mit dem Koffer zum ersten Male gefragt hatte, hatte sich Reiter angewidert abgewendet. Aber dann war das mit dem Knie passiert, und Reiter hatte erlebt, wie kurzweilig Erfolg sein kann. Er machte es nicht für den Kick, wie dieser schwachsinnige Schiedsrichter damals. Er machte es für hartes Geld. Zusätzlich zu dem Geld aus dem Koffer setzte er über einen Freund in Frankreich selber hohe Einsätze für späte Tore. Gottseidank konnte er Martin trauen. Um seine Rente brauchte er sich keine Sorgen mehr zu machen. Er würde noch ein bis zwei Jahre spielen, irgendwann würden sie ihn hier rausschmeißen. Keiner würde etwas über irreguläre Spielverläufe sagen, aber sie würden ihn mit argwöhnischen Augen beobachten und dann irgendwann im gegenseitigen Einvernehmen entlassen. Dann würde er noch ein Jahr in der zweiten Liga spielen, bis er genug zusammen hätte.

Was machten denn Johnson und Vollmer nur? Die drücken nach vorne. Er hatte fest damit gerechnet, dass das Team in den letzten Minuten zusammenbrechen würde. Die Vorbereitung war miserabel gewesen. Erst in den letzten zwei Wochen hatten sie Kondition gemacht, da war es schon viel zu spät. Aber die Jungs drückten und die anderen schienen sich einfach nicht befreien zu können. Es würde nicht gut kommen, wenn er dem Mann mit dem Koffer erklären müsste, dass es nicht geklappt hatte.

Und wieder einmal zeigte sich, dass die Sorge unbegründet war. Plötzlich schossen drei Pfeilspitzen in die eigene Hälfte: halbrechts, rechts und links außen. Kevin und er waren alleine. Um sicherzugehen orientierte er sich in die Mitte und deckte den Peruaner. Der Linksaußen kam an den Ball und knallte diesen aufs Tor. Keule streckte sich und lenkte den Ball an den Pfosten. Wie in Zeitlupe sah er ihn auf sich zukommen. Sein erster Instinkt war, den Ball einfach reinzumachen, doch das wäre zu auffällig. Hinter ihm kam Dominguez angelaufen. Er drehte sich weg und fiel hin, sodass Dominguez den Ball nur noch reinzumachen brauchte. Dann der Pfiff. Der Schiedsrichter pfiff Foul. Oh Gott, was für ein Schwachsinn. Doch Reiter beschimpfte den Peruaner vorsichtshalber noch ein bisschen. Beschwichtigend bewegte der Schiri seine Hände auf und ab. Dann blickte er auf die Uhr und ließ Reiter den Freistoß treten. So eine verdammte Scheiße, dachte Reiter. Das wird nichts mehr. Es halfen nur noch drastische Maßnahmen. Kevin stand links und er schob ihm den Ball zu. Zu langsam. Das musste selbst der Peruaner merken. Und er tat es. Drehte sich um und bewegte seine kleinen, dünnen Beine in Richtung Ball, rannte mit ihm auf das Tor zu und schob ihn in die linke, untere Ecke. Reiter schlug die Hände über dem Kopf zusammen und fiel theatralisch auf die Knie. Im Stadion war es totenstill. Er kippte nach vorne über und schielte auf die jubelnden Spieler der gegnerischen Mannschaft. Das Tor wurde gegeben. 1:0 in der 93. Minute. Perfekt. Es war das perfekte Spiel, auch wenn das triumphierende Gesicht des Peruaners, der sich nun für den Größten hielt, nur schwer zu ertragen war. Es war perfekt. Er brauchte die Sicherheit. Es hatte nichts mit dem Kick zu tun.

2. Spieltag – Das Mikrofon

Noch einhundert Meter. Dass Triumph und Demütigung so nah beieinanderliegen konnten. Noch vor zwei Minuten hatte er in der Jubeltraube gelegen, geherzt und gedrückt von seinen dreckigen, schweißnassen Mitspielern. Jetzt der Gang nach Canossa. Er sah die gierig glänzenden Augen der Reporter, ihre gesichtslosen Kameramänner dahinter, die ihre massiven Geräte wie Geschütze schwenkten. Er würde vorbeigehen. Kontaktsperre, oder so. Kein Kommentar. Danke, heute nicht.

Dieser Absturz von ganz oben. Genial hatte er das Spiel in seine Hand genommen, geleitet, geführt, wie ein Dirigent, nur noch schöner, noch geschickter, denn kein Dirigent spielt gegen ein anderes Orchester. Er war der Bernstein des Rasens. Rattle. Karajan. Der perfekte Sechser. Und heute hatte er seinem Können die Krone aufgesetzt, indem er zwei Tore gemacht hatte. Nur reden, das konnte er nicht. Wenn sich die Kamera auf ihn richtete, dann stockte ihm der Atem, dann leerte sich sein Sprachzentrum in ähnlicher Geschwindigkeit wie das Stadion jetzt nach dem Spiel. Er konnte nicht reden, hatte es nie gekonnt und war mittlerweile nicht nur zu einem genialen Mittelfeldregisseur geworden, sondern auch zu einem meisterhaften Vermeider von Interviews. Aber heute? Es sah schlecht aus. Sie glotzten schon zu ihm herüber. Er schluckte und fasste einen tollkühnen Entschluss.

Nein, er würde einfach hingehen und sich den Fragen stellen. Wie die anderen. Ein paar Plattitüden, der Mannschaft danken und so weiter. Wir haben das Spiel von Anfang an beherrscht, mein Anteil war auch nicht größer als der der anderen. Was war daran so schwer? Lächeln. An die Tore denken. Den Geruch des Rasens wahrnehmen. Lächeln.

Noch fünfzig Meter. Das Rudel mit den dicken Mikrofonen fixierte ihn bereits. Sie schwenkten ihre Oberkörper in seine Richtung. Sie schauten. Gierig, mit sabbernden Lefzen.

Seine Familie hatte einen Hund gehabt, damals, einen kleinen Terrier, der hatte beim Essen immer treudoof vor ihnen gesessen, ganz still, mit seinem herzerweichenden Blick. Dummes Tier, hatte der Vater gesagt, aber Benni fand ihn nicht dumm. Er brauchte nicht zu reden. Man wusste immer, was er wollte. Benni war mit ihm oft in den Wald gegangen. Der Schwanz hatte gewedelt, wenn das Stöckchen wurfbereit in seiner Hand lag. Es war einfach gewesen. Er lachte. Ja, er würde sich da hinstellen, treudoof gucken und treudoof mit dem Schwanz wedeln. Irgendwelche Fragen? Danke, tschüss.

Oder er würde einfach über die Tore reden. Wie der Ball in den Sechzehner fliegt und rausgehauen wird und er, Benni, genau da steht, in zentraler Position im Rückraum und alle drehen sich zu ihm um und schauen ihn an. Und hier auf dem Grün ist er der König, hier ist er allmächtig. Und wie die Zeit stehen bleibt und er sieht, dass sich vor ihm eine Lücke auftut. Er kann sich den Ball noch einmal zurechtlegen, ein kleiner Stoß mit dem Außenrist, fast eine zärtliche Berührung und dann zimmert er das Ding direkt in den Winkel. Höhenluft. Triumph. Das könnte er erzählen.

Noch zehn Meter und der Schweiß rinnt ihm über die Stirn. Der Trainer der gegnerischen Mannschaft wird vom Mann mit dem Mikro weggeschickt wie ein abgenutztes Spielzeug.

„Herr Bernstein, Herr Bernstein." Ich bin der Meisterdirigent. Ich habe keine Angst. Und so werden seine Schritte langsamer, obwohl er eigentlich immer noch entschlossen ist, einfach weiter zu gehen. Es ist fast, als würde er fremdbestimmt, als könne die geifernde Erwartung des Reporters, der ihm nun mit dem Arm zu sich zieht, seine Motorik beeinflussen.

„Benni Bernstein."

Er hatte das Gras verlassen, sein Fundament, und stand nun auf dem Gummiboden des Innenbereichs.

„Sie haben dieses Spiel mit ihren zwei Toren in die entscheidende Richtung gelenkt, waren der überragende Spieler. Wie fühlen Sie sich?"

Er schaute den Mann, der in zittriger Erwartung vor ihm stand, in die Augen. Der Reporter schien tatsächlich erregt zu sein, aufgewühlt und Bennis Klumpen im Magen wuchs weiter an.

Wie gerne wäre er so wie dieser Mann, der mit dem bedrohlichen Mikrofon vor ihm stand. Jemand, der einfach reden kann, ohne sich darüber Gedanken zu machen, was er sagt und wie er klingt. Jemand, der nicht stottert, stammelt oder – noch schlimmer – kein Wort herausbekommt. Es schien absurd angesichts ihrer extrem unterschiedlichen Gehaltsklassen. Aber Bernstein wäre gerne einfach nur ein Reporter gewesen, jemand, der im Hintergrund steht, geduldig wartet und dann wie ein Großwildjäger das Tier anvisiert und mit einem einzigen Schuss erlegt. Vielleicht war er, Bernstein, zwar der König der Savanne, ein Löwe, wild und gefährlich, aber dafür immer im Fadenkreuz des Zielfernrohrs.

Die Hand des Reporters zuckte, der Zeigefinger der rechten Hand, für die Kamera nicht sichtbar, bewegte sich hin und her, als wolle er ihm etwas sagen, als wäre dieser nun selber nervös. Wie hieß der Mann noch einmal? Bernstein kannte ihn. Er war, wie die meisten Fußballreporter, der Typ, der Begeisterung ausstrahlt, auch wenn auf dem Platz nur ein mittelmäßiger Kick stattfindet. Weinkrug. Das war es. Hatte schon einiges hinter sich, wie man hörte. Bernstein sah ihn an und konnte sich gut vorstellen, dass die beständige Euphorievermittlung an einem zehren musste. Er hatte als Schüler mal einen Jungen aus der Oberstufe bewundert, der immer gut drauf war und dazu noch immer freundlich. Irgendwann war er nicht mehr an der Schule und dann hieß es, dass er gekokst hätte.

Warum riss Weinkrug die Augenbrauen hoch? Und dann fiel es Benni ein: Die Frage. Er hatte die Frage vergessen.

„Was?"

„Wie fühlt man sich, wenn man der Matchwinner ist. Sie haben ja ein überragendes Spiel abgeliefert."

Er schluckte. Dabei hatte er noch geübt. Er wusste, was sie hören wollten. Sein Manager hatte ihm die wichtigsten Dinge eingebläut, die Parameter der oberflächlichen Spielanalyse:

1. Ich identifiziere mich mit dem Verein.
2. Es war auch Glück im Spiel.
3. Die ganze Mannschaft hat zum Sieg beigetragen.
4. Die Mannschaft hat unglaublich gekämpft.
5. Wir haben den Sieg wohl etwas mehr gewollt.
6. Der Trainer hat die Mannschaft sehr gut eingestellt.
7. Die eigene Leistung war dabei nur ein kleiner Teil.
8. Die Wechselgerüchte sind aus der Luft gegriffen (was gleichbedeutend damit ist, dass es überhaupt Wechselgerüchte gibt, was wiederum den Preis hochtreibt).

9. Der Gegner hat es uns nicht leicht gemacht.
10. Die Mitspieler haben für den Sieg geackert.
11. Die Saison ist noch lang.
12. Der Erfolg ist der gesamten Mannschaft zuzuschreiben.

Aber welche Antwort passte jetzt? Und was war überhaupt die Frage gewesen? Nicht stottern, dachte er. Noch war alles gut. Noch war nichts verloren.

„Das ist ein Superverein hier. Ich fühle mich wohl in dieser Stadt."

Er starrte Weinkrug an. Dieser starrte zurück.

„Äh gut. Ja. Also, wie ist das denn für Sie, wenn Sie so eine wunderbare Leistung abliefern? Schon einmal an Brasilien gedacht?"

„Wegen Urlaub?"

Weinkrug lachte laut los. Es war ein ekliges, überhebliches Lachen.

„Sie haben also noch nichts von Jogi gehört?"

Es dauerte eine Weile. Dann verstand er. Weinkrug sprach von der WM.

„An den Wechselgerüchten ist nichts dran."

Bernstein merkte, dass ihm die Sache aus den Händen glitt, genau wie er befürchtet hatte. Das Wort „Weltmeisterschaft" verwirrte seine Sinne zusätzlich. Er musste etwas sagen, er musste Demut ausdrücken, was absurd war, da er sich klein wie ein Wurm fühlte. Aber selbst Weinkrug wusste wohl nicht mehr, wie er mit der Situation umgehen sollte. Er lächelte, aber ihm schien keine Frage mehr einzufallen. Benni wollte weg. Er musste das Thema wechseln.

„Das war ein gutes Spiel, aber nicht nur von mir. Der Gegner war auch gut. Und mein Trainer ist auch gut. Und der Schiedsrichter ist auch gut. Ich muss jetzt gehen, muss duschen. Ich schwitze ganz schön. Aber das kann man ja wahrschlich auch sehen. Daher hätte ich es ja auch gar nicht sagen müssen. Ist ja auch klar, nach so einem Spiel. Dauert 90 Minuten. Aber eigentlich länger. In der ersten Halbzeit hat der Schiedsrichter ja auch etwas nachspielen lassen, ich glaube es waren so ungefähr drei Minuten. Und jetzt, am Ende der zweiten Halbzeit waren es vier Minuten. Also, das ist jetzt keine Kritik am Schiedsrichter. Der hat seine Sache gut gemacht. Aber das habe ich ja auch schon gesagt. Was gibt es noch? Ach so, Glück haben wir auch noch gehabt. Und die Mitspieler haben auch gut mitgespielt. Und ich muss duschen gehen. Ja, das muss ich. Danke."

Er hatte versucht, sein eigenes Spiegelbild in den Augen Weinkrugs zu entdecken, der ihm wie gelähmt gegenübergestanden hatte. Benni hatte es geschafft, hatte sich gesehen. Und dann hatte er einfach geredet. Die Worte waren wie an einer langen Kette aufgereiht aus seinem Mund gekommen. War doch gar nicht so schlecht, dachte er noch, als er den verdatterten Reporter hinter sich gelassen hatte. Ich habe geredet. Sollen die doch kommen mit ihren blöden Mikros. Sollen die doch bloß kommen.

3. Spieltag – Der Bruder

Ein paar von den wartenden Fans hatten ihn erkannt und gewunken, als er vom VIP-Parkplatz des Vereinsgeländes herausgefahren war. Er hatte gelächelt und kurz überlegt, ob er zurückwinken sollte, aber dann hatte er sich daran erinnert, dass das uncool wäre und es gelassen. Also hatte er sich lediglich seine Sonnenbrille zurechtgerückt und aufs Gas getreten.

Sie hatten ein schönes Zuhause, weit weg von den Schloten und Kohlegruben. Hier gab es ein paar Hügel und sogar ein paar Felder, auf denen im Sommer goldenes Korn wuchs. Er musste zwar etwas weiter fahren als die anderen, wenn sie in ihre Designerwohnungen zu ihren Designerfrauen fuhren, aber dafür hatte er mehr Ruhe und Abstand.

Die Tür ging schon auf, bevor er den Schlüssel herauszog. Er lächelte, als Ralph ihm entgegenlief. „Mario Tor gemacht, Mario Tor gemacht." Er fing den stämmigen Zwerg auf, der sich gegen seine Brust geschmissen hatte. „Hab' kein Tor gemacht, Ralph."

„Mario Tor gemacht."

„Schließ die Tür, es zieht." Drinnen duftete es nach den Kohlrouladen, die seine Mutter nach jedem gewonnenen Heimspiel machte. Irgendwann hatte Mutter dann angefangen, an jedem Spieltag Kohlrouladen zu machen, da alles andere von Mario als Vorwurf interpretiert werden könnte. Es wurde nie darüber gesprochen und Mario mochte auch den Hackbraten oder den Schweinehals, aber bei den Kohlrouladen fing Ralph nicht an zu weinen.

„Mario Tor gemacht."

„Ralph, ..."

Er war im Wohnzimmer angekommen, wo seine Mutter noch in einer Blümchenschürze auf dem Plüschsofa saß und den Videotext durchforstete, auf der Suche nach etwas, das nicht zu finden war.

Ihm einen Kuss auf die Wange gebend setzte er seinen Bruder ab. Die Mutter drehte ihm den Kopf zu und hob die linke Augenbraue. „Es war ein Foul", versuchte er sich zu rechtfertigen, „ein klares Foul."

„Du hättest rechts vorbei gehen können."

„Da waren noch zwei Verteidiger."

„Die waren schon auf dem Weg nach innen. Früher hättest du das gesehen."

Früher war alles anders gewesen. Besser natürlich. „Mario Tor gemacht." Er bot dem Kleinen die Hand an: „Komm, wir gehen in die Küche."

„Die Kartoffeln sind noch nicht fertig. Ich schaue noch das Abendspiel an."

Mario seufzte und nahm seinen Bruder auf die Schulter. „Hopp, hopp, hopp, die Eisenbahn." Sie gingen durch die Terrassentür in den Garten, wo Ralph sich jubelnd vor das kleine Tor mit dem Aluminiumrahmen stellte und wild mit den Armen fuchtelte, so wie es die großen Torhüter machten. Mario überlegte sich manchmal, wie sein Leben aussehen würde, wenn sein Bruder kein Down-Syndrom hätte, ob er dann schon ausgezogen wäre und ein Leben wie die anderen führen würde. Er wusste ja, dass diese Gedanken nirgendwohin führten, aber manchmal schlichen sie sich einfach so ein in sein Gehirn. Er schoss einen leichten Ball in Ralphs Arme.

„Gehalten, gehalten, gehalten. Musst du besser machen, Mario."

Also schoss er noch einmal und noch einmal, während drinnen die Kohlrouladen brutzelten und Mutter vor der Glotze hing.

„Gehalten, gehalten, gehalten."

Eine Designerwohnung vielleicht und eine Designerfrau.

„Gehalten, gehalten, gehalten."

Ein Leben, vielleicht.

„Gehalten."

Er schoss, diesmal so wie vorhin im Spiel. Er sah seinen Schuss nicht, er sah irgendetwas anderes in einer unbekannten Ferne, doch als er wieder im Garten angekommen war, lag Ralph auf dem Boden und schrie und wälzte sich und hielt sich seine blutende Nase, während die Mutter mit einer universellen Muttergeste, nämlich den über dem Kopf zusammengeschlagenen Händen, hinausgebraust kam und jaulte.

Er konnte sich ein Lächeln nicht verkneifen. „Mario Tor gemacht", flüsterte er, so leise, dass es niemand hören konnte.

4. Spieltag – Rituale

Es war die Standardausrede: Das Spielfeld inspizieren. Helmgaard lief über den Rasen, tat so, als trete er ab und zu einen Erdhügel platt. Die Spieler hielten es für eine Marotte, was es zugegebenermaßen auch war, allerdings in einem ganz anderen Ausmaß, als es alle anderen ahnten. Die heikle Stelle befand sich am Tor, wo er den alten Groschen genau in der Mitte mit der Bäumchenseite nach vorne, direkt hinter der Kreidelinie eindrücken musste. Nachdem er mit der Mannschaft aufgestiegen war, hatte er zunächst nicht genau auf die Seite geachtet, doch als sie dreimal hintereinander verloren und gegen den Tabellenletzten nur ein Unentschieden zustande gebracht hatten, war ihm klar geworden, dass er ein Detail übersehen hatte. Der Glücksgroschen musste mit der Bäumchenseite nach oben hinter die Linie und der Baum musste aufrecht stehen.

Die Leute, die keine Ahnung hatten, hielten den Trainerberuf für deswegen schwierig, weil man sich gleichzeitig mit den Vorgaben des Vereins, den Macken der Spieler, den Fans und dem nächsten Gegner auseinandersetzen muss. Für Helmgaard waren diese Dinge Kleinigkeiten, keinesfalls Auslöser von schlaflosen Nächten oder ein Grund, den Job demnächst an den Nagel zu hängen. Es stimmte schon – die Dummheit und Ignoranz einiger Fußballer war haarsträubend, die Vorstellungen der Vereinsleitung grenzten an Größenwahn und aus diesen zwei instabilen Konstanten eine Taktik zu schmieden, war nahezu unmöglich. Aber das war alles irrelevant, wenn er es nicht hinbekam, die spirituellen Vektoren, die zum Erfolg führten, akribisch auszurichten. Mittlerweile war er sich sicher, wie es funktionierte, doch es hatte Jahre gebraucht. Und er wünschte sich, dass er sein Wissen mit jemandem teilen könnte, doch das war in einer Welt, die so überaus materiell veranlagt war, unmöglich.

Er blickte sich um. Das Stadion war fast verlassen, ein einsamer Ordner fegte irgendwo weit hinten auf der Haupttribüne ein paar herabgefallene Blätter von den Sitzen. Es war erst Mitte September und dennoch wirbelten überall braune Blätter durch die Luft. Der Groschen war versorgt. Jetzt nahm er die Asche, die er in einer Plastiktüte in seiner Innenjacke trug, und verstreute sie über das Torwartnetz. Gleichzeitig zog er an dem Netz, was den Anschein haben sollte, dass er die Haltbarkeit überprüfte. Dann spazierte er langsam hinüber auf die andere Seite des Feldes, wo er dasselbe Ritual erneut vollzog, mit einem neuen Groschen und weiterer Asche.

Die Asche zu bekommen, war nicht leicht gewesen. Genau genommen war es diesmal nicht die richtige Asche. Das war erst fünfmal passiert und dreimal war es gutgegangen. Er brauchte ein benutztes Jersey, jeweils eins von seiner Mannschaft und eins von der gegnerischen. Das mit der eigenen war mittlerweile kein Problem mehr. Er hatte seiner Mannschaft glaubhaft erläutert, dass er nach jedem Spiel ein Trikot für eine karitative Einrichtung einsammeln würde. Keiner hatte Fragen gestellt. Das war der Vorteil von der Verlegenheit, die das Thema Behinderung bei Leuten auslöste – es gab keine Fragen. Er erinnerte sich daran, wie er noch den jungen Teffel trainiert hatte, den mit dem behinderten Bruder. Keine blöden Sprüche, wenn er vorzeitig vom Mannschaftsabend nach Hause ging, kein Gemoser der anderen, wenn der Sieg nicht ausreichend zelebriert wurde.

Das Problem waren die Jerseys der gegnerischen Mannschaft. Er gab einen nicht geringen Teil seines Trainergehaltes für den Kauf gebrauchter Trikots bei Ebay aus. In Hamburg hatte er sich sogar schon in der Kabine der Hansestädter an die Spinds gemacht und tatsächlich einen ganzen Satz neuer Heimtrikots geklaut. Außerdem bestellte er regelmäßig neue Trikots bei den Herstellern. Doch wenn die Dinger nicht vom Gegner getragen waren, war die Wirkung nicht ansatzweise so groß. Grundsätzlich hatte er folgende Wirkungsgrade feststellen können:

- Von Spielern getragene Trikots sind am besten. Je mehr Schweißpartikel, Hautschuppen oder Haare auf oder an dem Trikot sind, desto besser.
- Die Trikots sollten idealerweise genau diejenigen sein, mit denen die Mannschaft am Spieltag aufläuft. Wenn die Mannschaft ein grünes Auswärtstrikot trägt, er aber ein blaues verbrannt hatte, sind die Chancen auf einen Sieg schlechter.
- Je wichtiger ein Spieler für seine Mannschaft ist, desto wirksamer ist die Asche des Trikots.
- Das Verbrennen mehrerer Trikots erhöht die Wirkung NICHT.

- Die Trikots sollten von der aktuellen Saison stammen.
- Ein Trikot mit einem falschen Ligenaufdruck (Bundesliga, Pokal, Champions League, Europaleague) kehrt die Wirkung um (in 7 von 8 Fällen).
- Es ist besser, irgendein Trikot zu verbrennen, selbst wenn es das von der Jugendmannschaft, eines Spielers, der gar nicht mehr für die Mannschaft spielt oder ein Trikot von einer vergangenen Saison ist. Ohne Asche geht das Spiel mit Sicherheit verloren (in 9 von 9 Fällen).

Manchmal wünschte er sich, die immateriellen Bedingungen für einen Sieg nie kennen gelernt zu haben. Er würde ganz einfach trainieren, aufstellen und gewinnen oder verlieren. Er würde sich irgendwo in der zweiten Liga rumtreiben. Ein schlechter Trainer war er nicht. Aber so ging er zur gegnerischen Bank, spuckte einmal auf jeden der Plastiksitze und verrieb die Spucke mit seinem Glücksschlips. Gut, dass der Schlips anthrazit war, so wären die Reste von Dreck, Speichel und Staub kaum auszumachen, wenn er an der Seitenlinie stehen würde. Er hatte diesen Schlips einmal gewaschen – mit einem desaströsen Ergebnis, eine 0:6-Niederlage zuhause. Okay, es war gegen die Bayern gewesen, aber Helmgaard konnte die Höhe der Niederlage in die Gesamtkonstellation einordnen.

Als er in den Kabinengang trat, kam ihm der sportliche Leiter entgegen. Sie nickten sich zu und grüßten sich. „Morgen." „Morgen." Gänswein nahm ihm freundschaftlich am Arm. „Sie müssen entspannen, Herr Helmgaard. Für die Inspektion sorgt schon der Schneiz." Helmgaard winkte ab. Für solche Situationen hatte er genug Ausreden parat. „Wollte mir noch einmal die Platzverhältnisse ansehen. Wegen der Stollen."

„Schon recht, Helmgaard. Habe übrigens noch nichts vom Berater von Vadale gehört. Aber der wird sich schon melden. Ich denke nur, dass wir hinten noch was machen müssen." Sie gingen durch den Innenbereich des Stadiongebäudes, Gänswein würde sicher in sein Büro wollen. Helmgaard blieb stehen. „Ach, hab' noch was vergessen." Herablassend lächelnd und kopfschüttelnd ging Gänswein weiter. Helmgaard kannte die Blicke und die Gesten und er hatte gelernt, sie zu übersehen. Wo wärst du ohne mich, dachte er nur leicht verbittert.

Er stieg die Stufen hinab zu den Kabinen und klopfte dreimal an die Tür der Gästekabine und fünfmal an die Tür seiner Mannschaft. Dann lief er durch die Gänge, bis er an der vorderen Pforte hinauskam, wo er einmal hustete, sich beide Füße an der Matte abwischte (zweimal links, einmal rechts) und zu seinem Auto stiefelte. Er hatte es, wie immer, rückwärts eingeparkt und als er herausfuhr, umkreiste er einmal den ganzen Platz, bevor er durch die Schranke nach draußen fuhr. Zuhause würde es, wie immer, Erbseneintopf geben.

Der Tag war wunderbar verlaufen. Die Sonne schien, kein Wölkchen zierte den Himmel, die Spieler waren alle pünktlich gewesen und die gegnerische Mannschaft war wegen einer Panne eine halbe Stunde zu spät erschienen. Alles so wie es sein sollte. Er saß auf der Bank in seinem dunkelblauen Anzug und beobachtete vergnügt, wie der Schiedsrichter das Spiel anpfiff. Die Anfangsbuchstaben der vier Offiziellen hatten als Quersumme 7 ergeben, er hatte den Schiri siebenmal mit der Hand irgendwo berührt, als sie sich vorgestellt hatten. Alles war perfekt. Er setze sich und blickte sich zufrieden um.

Doch dann tat sich vor ihm unendliche Dunkelheit auf. Er sah die Frau. Sie stand an der Seitenauslinie links von ihm, hinter der Kamera. Eine Kamerafrau. Er schnappte nach Luft. Stand auf. Setzte sich wieder. Sein Co schaute ihn verwundert an. Er schaukelte mit dem Oberkörper hin und her. Eine Frau. Er hätte …

Das Spiel war verloren.

5. Spieltag – Nemesis

Der Ball lief durch die gegnerischen Reihen wie ein heißes Messer durch Butter. Diese Passgenauigkeit war atemberaubend und vollkommen atypisch für die Mannschaft. Es war schon fast Tiki-Taka, was die Ruhrpottjungs da spielten. Heller auf Duzman, Duzman auf Berg, Berg auf Sahaler und Tor. 3:0 nach 24 Minuten. Er schaute auf die Stadionanzeige und las dreimal denselben Torschützen hinter den Toren: Sahaler. Er sprang auf, noch gerade rechtzeitig, jubelnd und die Fäuste nach oben reckend. Ein kurzes aber heftiges „Ja" entfuhr seinen Lippen. Alle sahen, dass er sich mitfreute. Dann setzte er sich wieder und versank in eine trübe Schockstarre, die er in all den Jahren mit einem steifen Lächeln zu garnieren gelernt hatte. Toll, wieder Anschluss nach oben, sagte das eingefrorene Grinsen. Ich freue mich für die anderen, sagte das Grinsen. Wir sind alle ein Team. Die Mannschaft ist alles, was zählt. Auch die Ersatzspieler sind wichtig. Er spuckte aus.

Sahaler war sein Fluch, seine Nemesis. Er verfolgte ihn, hatte seine Krallen tief in die Karriere von Holtzer geschlagen. Es war geradezu absurd, wie die Handlung eines antiken Dramas. Seitdem Holtzer Bundesliga spielte, war er dem Wahnsinn einer Verfolgung durch Sahaler ausgesetzt gewesen. In Bochum, in Frankfurt und nun hier. Immer wieder hatten die Trainer und die sportliche Leitung ihm das Gleiche erzählt: dass sie fest mit ihm planten und er als erster Stürmer gesetzt wäre. Irgendwann hatten sie aber jedes Mal noch einen „Backup" geholt, falls Holtzer sich mal verletzen sollte, man konnte ja nie wissen. Dass er in 7 Jahren Bundesliga noch nicht die kleinste Verletzung hatte und noch nicht einmal aufgrund einer Grippe ausgefallen war, interessierte wohl niemanden. In Bochum war er noch relativ gelassen gewesen. Er war gesetzt. Er spielte. Irgendwann im Frühjahr wurde er einmal in der 80. ausgewechselt. Sahaler machte ein Tor. Machte nichts, er hatte ja vorher selber eins gemacht. Dann wurde er in der 75. ausgewechselt. Sahaler machte ein Tor, diesmal hatte Holtzer vorher keins gemacht.

Sahaler hatte ihn damals Stück für Stück verdrängt. Erst hatte er nur gebrochen Deutsch gesprochen, hatte sein Spind direkt an der Tür der

Kabine. Dann fing er an besser und besser zu werden, machte Scherze und Witzchen mit den anderen. Doofe Scherze. Schlechte Witze. Er kam mit auf die Touren durch die Promidiskos. Lachte, bandelte mit Frauen an. Sein schwarzer Dreitagebart, seine blitzenden Zähne, die schwarzen Augen, das zog bei den Frauen. Er gab die Drinks aus, kam mit Getränken und Frauen an den Tisch und die anderen jubelten ihm zu. Ein Teamplayer hieß es unisono.

Holtzer war genervt gegangen, hatte seinen Berater kontaktiert. Es hatte viele Interessenten gegeben, schließlich war er auf dem Weg in die Nationalmannschaft gewesen.

Frankfurt war sein großer Durchbruch, 12 Tore in der Hinrunde. Die anderen Stürmer waren Flaschen. Er war der Held. Jogi hatte ihn eingeladen zu einem Testspiel. Dann verletzten sich gleich drei Sturmpartner. Sahaler kam. Holtzer sah, wie sich die eigene Geschichte wiederholte. Er beobachtete den anderen genau. Konnte es sein, dass der Franzose wieder so tat, als könne er kein Deutsch? Er sprach gebrochen am Anfang und belegte wieder den Platz hinten am Ende der Bank. Wenn die anderen ihn unwillig fragten, ob er mit auf die Tour kommen wollte, lehnte er höflich ab. Dafür trainierte er, drehte Extrarunden und machte zusätzliches Elfmetertraining. Er lächelte den Trainer an, mit seinem Dreitagebart und seinen weißen Zähnen. Wurde eingewechselt, früher und früher. Holtzer wurde unsicherer. Dann traf er die einfachen Dinger nicht mehr, versemmelte drei Elfer hintereinander, sein letzter ging so hoch in die Wolken, dass kein Mitspieler kam, um ihn zu trösten. Keine Nationalmannschaft mehr, man munkelte von einem Formtief, aber er war immer noch in der Bundesliga untergekommen, wenn auch weniger ambitioniert.

Hier nun schien sich das Blatt zu wenden. Er hatte seine Ernährung umgestellt und einen Psychologen konsultiert. „Sahaler ist nicht dein Problem", hatte dieser gesagt. „Die Frage ist: Glaubst du an dich selbst?" Daran hatten sie gearbeitet. Er hatte Sonderschichten eingelegt, noch bevor der andere transferiert worden war. Hatte Elfmetersondertraining absolviert. Er hatte noch nicht einmal mit der Wimper gezuckt, als tatsächlich das Unmögliche passierte und der Franzose zum ersten Mal im Mannschaftstraining auftauchte. Holtzer hatte ihn freundlich angesehen und ihn wie einen alten Kameraden empfangen. In der Kabine wies er ihn ein und zeigte ihm, wie man die Duschen einstellen musste, damit man sich nicht verbrühte und nicht im Eiswasser stand. Er hatte ihn auf die Touren mitgenommen und hatte allen anderen Getränke ausgegeben. Hatte gelacht. War gesetzt. Dann kam der eine Dienstag. Die Mannschaft hatte verloren und der Trainer war zum Alltag übergegangen nach den Sonderschichten am Sonntag und Montag. Das Training war um 16.00 Uhr beendet worden. Sahaler blieb, hielt den Ball mit seinem rechten Fuß in der Luft und schoss ihn dann mit zur Schau gestellter Leichtigkeit ins leere Tor. Holtzer blickte zum Kabinengang, der mit erbarmungsloser Verführungskraft lockte. Doch dann nahm er sich ebenfalls einen Ball, warf ihn in die Luft, köpfte ihn nach vorne und zimmerte ihn aus dreißig Metern in dasselbe Tor, knapp an Sahalers Kopf vorbei. Der Kampf war eröffnet. Sahaler drehte sich erschrocken um und für einen Moment glaubte Holtzer, einen Funken Angst in dessen Augen zu erkennen, dann war der Moment vorbei und Sahaler grinste diabolisch. Sie sprachen kein Wort. Holtzer hätte ihm gerne viele Dinge an den Kopf geworfen, aber er wollte sich nicht die Blöße geben, wollte nicht der Erste sein, der über diesen unausgesprochenen Kampf redete. Den Kampf zuzugeben, hätte schon geheißen, ihn zu verlieren. Es war eine lächerliche Szene. Wortlos, den anderen nicht beachtend, ballerten sie Bälle auf das Tor. Still beobachtete Holtzer seinen Konkurrenten, zählte dessen Treffer mit und zählte die eigenen. Sie fingen an zu schwitzen und obwohl sich immer mehr Verbissenheit einschlich, täuschten beide eine mühelose Gelassenheit vor. Nach einer gefühlten Ewigkeit schaute Holtzer auf die Stadionuhr und sah, dass es bereits zehn nach fünf war. Sahaler schien den Blick gesehen zu habe. Sein Grinsen wurde noch breiter und er hämmerte einen Ball unter die Latte. Holtzer lächelte zurück und ließ sich auf den Boden fallen, wo er zwanzig Liegestütze machte, um wie ein junger Hüpfer nach dem letzten aufzuspringen und den nächsten Ball dribbelnderweise in Richtung Tor zu führen. Sein abschließender Heber tanzte auf der Oberkante der Latte und fiel dahinter auf die Oberseite des Netzes. Sahaler hustete und als Holtzer hinsah, hielt sich der Franzose die Hand vor den Mund, als müsse er sein Lachen verbergen. Dann ging er in Richtung Innenraum, kam danach mit einer Spielerfigur aus Hartplastik zurück, baute sich nach und nach einen Spielerparcours auf, legte sich acht Bälle an den Anfang des Parcours und umspielte die falschen Kollegen mit französischer Gelassenheit.

Holtzer wurde langsam unruhig. Wie lange wollte der das noch durchziehen? Es machte nicht den geringsten Anschein, als sei er müde. Monoton zog er weiter auf das Tor ab, schielte aber dabei immer wieder zu den Dribbelkünsten des Franzosen herüber. Dann hatte er eine Idee. Er stellte sich im Sechzehner auf, warf Sahaler einen Ball vor die Füße und rief: „Schieß mir mal ein paar von der Eckfahne drauf." Er wollte ihn zum Zulieferer degradieren. Aber Sahaler ließ sich nicht darauf ein. Er kickte den Ball wortlos zurück, sich nicht die Mühe machend, auch nur aufzublicken, und fuhr fort, die Plastikspieler zu umdribbeln.

Nach weiteren zwanzig Minuten Schusstraining war es Holtzer zu blöd. Er brauchte diese Spielchen nicht. Dr. Hartels hatte es ja gesagt, Sahaler war nicht sein Problem. Er musste sich und den anderen nichts beweisen. Er machte noch einmal zehn Liegestütze, ächzte beim Aufstehen und ging in die Kabine, ohne sich umzudrehen. War doch egal. Was für eine blöde Art, sich zu produzieren, das war nicht sein Niveau. Aber schon auf dem Weg in die Kabine fühlte es sich an wie eine Niederlage. Ich brauche das nicht, sagte er sich, doch eine kleine Stimme in seinem Hinterkopf lachte über ihn.

Als er zehn Minuten unter der heißen Dusche gestanden hatte, kam Sahaler herein und sagte: „Pass auf, wenn du die abdrehst, die wird eiskalt." Holtzer duschte, bis seine Haut krebsrot war und er gehört hatte, wie Sahaler die Kabine wieder verlassen hatte.

Er saß in Gedanken versunken, als das 4:0 fiel. Allegri hatte es geschossen, Vorlage Sahaler. Holtzer blieb sitzen. Er hatte einen Plan. Im nächsten Training würde er dem anderen die Knochen brechen.

6. Spieltag – Strumpfband

*Ein schummrig erleuchtetes Zimmer, das nur spärlich möbliert ist: Im hinteren Bereich steht ein Doppelbett aus schwarzem Eisen, zu beiden Seiten etwa einen Meter von der Wand entfernt. An der hinteren Wand befindet sich ein kleines Nachttischschränkchen, über dem ein Spiegel hängt, davor ein Stuhl. In der anderen hinteren Ecke steht ein einfacher Schrank. Es gibt zwei Fenster, die mit schweren roten Vorhängen verdeckt sind. Vorne links befindet sich die Zimmert*ür. Einer steht unsicher dort. *Eine liegt auf dem Bett, sie hat ein Reiterjacket*t *an, dazu schwarze Reiterstiefel, einen Slip und Strapse, die von roten Strumpfbändern gehalten werden. In der Hand hat sie eine Gerte.*

Die beiden schauen sich an.

Eine: Was ist, Süßer? Willst du nicht reinkommen?

Einer: Äh, ... ja.

Einer schließt die Tür hinter sich und geht ein paar Schritte in den Raum, wo er sich unsicher umblickt.

Eine: Möchtest du, dass ich dich ausziehe?

Einer: Nein, also … Es ist so, hören Sie …

Eine: Muss ich erst die Gerte schwingen?

Einer: Nein, nein. Hören Sie. Ich bin eigentlich gar nicht hier.

Eine: Verstehe. Du bist einer, der gezwungen werden muss, was? Knie nieder, Wurm!

Eine steht auf und stellt sich breitbeinig, die Arme in die Hüften gestemmt, hin.

Einer hebt beschwichtigend die Hände.

Einer: Nein, ich will das nicht. Hören Sie, ich bin nur hier wegen meiner … Kumpels. Die wollten noch feiern und …

Eine: …und da wolltest du nicht als Weichei dastehen und lieber auch in ein Séparée verschwinden.

Einer: Nein, aber …

Pause

Einer: Ja, also … nach einem gewonnen Spiel gehen die anderen immer in … so ein Etablissement. Aber ich bin frisch verheiratet.

Eine: Kannst dich ja gewählt ausdrücken. Also Eishockeyspieler bist du jedenfalls nicht.

Einer: Fußball.

Eine: Frisch verheiratet, was?

Einer: Ja.

Eine: Na, dann sehen wir uns spätestens in zwei Jahren wieder. *(lacht)*

Einer *(entschlossen)*: Nein. Ich liebe meine Frau.

Eine: Schön für dich. Bezahlen musst du trotzdem. Kannst aber noch ein bisschen bleiben.

Einer: Klar bezahle ich.

Eine: Aber kein Rumgeflenne. Setz dich.

Eine deutet auf den Stuhl vor dem Nachttisch. Einer setzt sich. Eine geht zum Schrank, zieht sich das Jackett und die Reiterstiefel aus und zieht sich ein weites Hemd über. Sie lehnt sich an den Schrank und schaut ihn an.

Eine: Ich kann aber auch ein bisschen an dir rumfummeln, während du redest.

Einer: Ich will ja gar nicht reden.

Eine: Also nur rumfummeln?

Einer: Nein, verdammt. Ich will ...

Pause.

Eine geht zum Bett und setzt sich.

Eine: Die anderen amüsieren sich jetzt.

Einer: Gott, ... Gott. Wie mich das alles anekelt. Zuhause haben sie ihre Frauen und Kinder, aber wenn gefeiert wird, dann lassen sie es krachen.

Eine *(mustert ihn)*: Nichts Verkehrtes daran, oder?

Einer: Doch, es ist falsch.

Eine: Du bist also zum ersten Mal hier?

Einer zögert und schaut ertappt.

Eine lacht.

Eine: Vielleicht hast du den falschen Beruf, Kleiner. Du hättest Priester werden sollen, mit deiner Doppelmoral. *(lacht erneut)*

Einer steht auf und geht in Richtung Tür.

Eine: Ein Weichei und ein Lügner! ... Na, was ist? Kannst du ein bisschen Wahrheit nicht ertragen?

Einer (*bleibt abrupt stehen*): Also gut. Ich war schon mit meinen Kollegen hier. Mein Gott, man denkt sich einfach nichts dabei und es tut keinem weh.

Eine: Ja, ein bisschen Gleitcreme kann Wunder bewirken.

Einer: Und ja. Ich komme mir schäbig vor. Aber damals war Sylvia noch nicht schwanger. Damals wollte ich unbedingt dazugehören.

Eine: So wie jetzt auch.

Einer: Ja, verdammt noch mal. So wie jetzt auch. Ich habe einfach keinen Bock auf diese verdammten Sprüche. Schlappschwanz, Pantoffelheld, ... alle halten mich für uncool.

Eine: Ich find dich ganz süß.

Pause. Er dreht sich zu ihr.

Einer: Sylvia und ich waren schon in der Schule zusammen. Sie war das angesagteste Mädchen der ganzen Schule. Sie war mit diesem Typen zusammen, habe seinen Namen vergessen. Aber beim Sport hat sie immer nur mich angeschaut. Und auf der Abschlussfahrt ...

Wir waren glücklich. Immer. Sie hat zu mir gehalten, auch als ich noch Regionalliga gespielt habe. Auch als ich den Bänderriss hatte mit schwieriger Diagnose. Es wäre einfach total beschissen, sie zu betrügen.

Eine: Und doch sitzt du hier.

Einer dreht sich weg, dreht sich wieder zu ihr, setzt sich auf den Stuhl.

Einer: Sie ... sie mag meine Berührung nicht mehr.

Pause.

Einer: Sie war ein wildes Mädchen, aber jetzt ... Kopfschmerzen, das Übliche.

Eine: Sie ist schwanger, Kleiner.

Einer: Ja schon, aber ...

Eine: Wie habt ihr denn gespielt?

Einer: Vier eins gewonnen. Ich ... (*grinst stolz*) habe ein Tor geschossen.

Eine: Bist du Stürmer?

Einer: Nein, linkes hinteres Mittelfeld. Wir haben von Anfang an Druck ausgeübt. Schon in der Hälfte des Gegners gepresst. Das hat die total aus dem Konzept gebracht. Zack, schon stand es Zwei zu Null. Einfach gut. Und ich habe sogar ein Herzchen gemacht. Beim Jubeln.

Eine: Mit den Händen? Das habe ich schon einmal gesehen. Ein Herzchen ist gut. Ist toll. Hat für mich noch nie jemand gemacht. (*kichert*)

Einer: Dabei schaut sie die Spiele gar nicht. Sie quatscht lieber mit ihren Freundinnen über Babykleidchen und gesunde Ernährung und was weiß ich.

Eine: Ich wüsste schon etwas mit dir anzufangen.

Einer: Wirklich?

Eine nickt.

Einer steht auf, geht langsam ans Bett, setzt sich vor sie auf den Boden und legt seinen Kopf in ihren Schoß. Eine streicht ihm durch die Haare.

Eine: Ich werde mir das Tor anschauen und mir vorstellen, es sei für mich.

Einer blickt auf.

Einer: Es ist für dich.

Eine lächelt. Einer beugt sich zu ihr herauf und vergräbt seinen Kopf an ihrem Hals. Seine Hände vergraben sich in ihre roten Strumpfbänder.

7. Spieltag – Schüsse aufs Tor

Er schoss immer auf dieselbe Stelle. Es war ein Andenken. An ihn selber.

Ihm war nie kalt gewesen, weder in Deutschland, noch in Italien. Er lief heraus auf den Platz, sah seinen Atem und stellte sich vor, ein Feuer würde in seinen Lungen brennen. Die anderen klopften auf seine Schultern und er stellte sich hinter dem Mittelkreis auf. Das Spiel wurde angepfiffen und er machte das, was er konnte. Er rannte. Rannte, konzentrierte sich auf den Ball und rannte weiter. Sie nannten ihn die Lunge, doch er machte einfach nur das, was er machen musste. Eine Flanke kam von außen rein und er nahm sie mit der Brust an, den Verteidiger neben ihm ließ er mit einer einfachen Körpertäuschung stehen. Er schoss immer auf dieselbe Stelle im Tor. Es klappte jedes Mal. Es war das eine Glück, was ihm das Leben beschieden hatte, und er wusste nicht einmal, ob es ein Glück war.

Die Spieler kamen auf ihn zu gerannt und begruben ihn unter sich. Er schrie und sie dachten, er freute sich. Aber er schrie vor Angst. Nur dass es keiner merkte.

Die Soldaten hatten sie alle abgeholt, die ganze Familie, das ganze Dorf. Man hatte sie auf den Fußballplatz gebracht. Die Tore waren neu gebaut worden und der ganze Stolz des Dorfes. Die meisten weinten, doch er schaute nur in die ausdruckslosen Gesichter der Männer, die sie auf die Ladeflächen geschmissen und zum Platz geprügelt hatten. Sie mussten alle in einem Tor stehen, von einem Pfosten zum anderen, fast wie ein gerahmtes Bild. Er blickte in die leeren Augen der Männer hinter dem MG und dann auf den staubigen Boden. Der ganze Platz war staubig, nur hier im Tor klebte eine braun-rote Masse unter seinen Füßen. Sein Vater sang und seine Mutter weinte. Und dann zeichnete die MG eine gerade Linie durch sie durch. Er hatte es bei den anderen gesehen, bevor sie selbst ins Tor gestellt wurden. Mama und Papa schlossen die Augen, doch er sah in die kalten Augen der Männer in den grünen Uniformen und direkt in das Mündungsfeuer. Er war noch sehr klein, damals. So klein, dass er unterhalb der Linie endete und fühlte, wie die Patronen die Luft über ihm zerschnitten. Aber er fiel mit den anderen, denn er wollte bei seiner Familie sein. Starr vor Schreck bewegte er sich nicht, als die leblosen Körper auf ihn geworfen wurden. Stundenlang schaute er in die toten Augen eines Mannes, der neben ihm lag. Er kannte ihn, es war der Bäcker des Dorfes. Seine Augen waren leer. So wie die Augen derer, die geschossen hatten.

In der zweiten Nacht stand er auf und lief fort, immer in Richtung Norden, bis zum Meer. Rannte und rannte. Blickte sich nicht um, kein einziges Mal.

Ein Abwehrspieler vor ihm vertändelte den Ball. Er schnappte ihn sich, lief auf das Tor zu, schaute den Torwart an, der Angst zu haben schien, und schoss genau auf die Stelle, die frei war im Tor. Die Stelle, an der er gestanden hatte. Es klappte jedes Mal. Nur der Torjubel war ihm zuwider.

8. Spieltag – Der Fan

Der Schweiß roch auf beruhigende Art und Weise süßlich. Seine Hände glitschten die Wangen hoch und runter. Er saß da, die Hände vor dem Gesicht, nichts sehend, die Einsamkeit der Kabine genießend, die bestrumpften Füße auf dem Linoleumboden. Nervös hüpften seine Fersen auf und ab. Die anderen waren schon gegangen und er hatte noch nicht einmal geduscht. Wieder trippelten die Füße. Dann sanken die Hände nach unten und er schaute auf den Eingang zur Duschkabine, die wie eine Bedrohung vor ihm lag.

Kupowski wusste, dass er das Unvermeidliche nicht verhindern konnte. Er würde irgendwann aus der Tür heraustreten und dann würde er das Stadiongelände verlassen. Und dann würde sie dort stehen. Er hätte besser mit den anderen rausgehen sollen, in dem ganzen Tohuwabohu hätte er sich vielleicht besser durch die Massen schlängeln können, aber mit den anderen zusammen kam immer die Angst, dass sie ihn vor den anderen blamieren würde. Sie hieß Natalie. Und sie war immer da. Vor dem Spiel. Nach dem Spiel. Beim Training. Am Parkplatz. Immer in einiger Entfernung, immer so, dass man sie fast nicht sah. Aber Kupowski hatte es verlernt, sie *nicht* zu sehen. Ihr Äußeres war abstoßend. Zumindest er empfand es so. Sie war klein, ungefähr 14 Jahre alt und trug eine dicke Hornbrille. Ihre Haare waren immer zu zwei Zöpfen zusammengebunden, die wie ein Statement im 90-Grad-Winkel zur Seite abstanden.

Das Schlimmste war: Sie schielte, was ihrem Blick eine verwirrende Unschärfe verlieh. Kupowski hatte sie noch nie mit jemand anderem gesehen. Immer stand sie irgendwo alleine, ein Mahnmal der Einsamkeit und Verlorenheit. Meist trug sie eine rote Daunenweste, auch im Sommer, und vor sich hielt sie mit beiden Händen ein unsägliches Pappschild, auf dem mit grünem Filzstift sein Name hervorleuchtete.

Als er sie das erste Mal gesehen hatte, hatte er Mitleid empfunden. Vielleicht hatte er sogar gewunken oder freundlich gelächelt. Dann war sie ihm beim nächsten Training aufgefallen, wie sie konzentriert an die kalte Eisenstange gelehnt stand und mit ihren wurstigen Fingern bei jeder seiner Aktionen klatschte. Enzo hatte ihn mit dem Ellenbogen in die Seite gestoßen und einen blöden Spruch gemacht, so etwas wie „Neue Verehrerin?". Seitdem war keine Trainingseinheit vergangen, bei der er sie nicht gesehen hatte. Und immer häufiger entdeckte er sie bei den Spielen im Publikum. Heute hatte sie neben der Trainerbank gestanden, als die Mannschaft nach dem Sieg in die Kabinen lief. Keine Ahnung, wie sie dahin gekommen war. Vor drei Wochen hatte er sie sogar beim Auswärtsspiel in Holzburg gesehen, irgendwo auf der Tribüne. Er war sich sicher gewesen: die rote Daunenjacke, das Pappschild, dieses beunruhigende Schielen. Die anderen waren nach dem Torjubel zur Fankurve gelaufen, er war am Mittelkreis geblieben.

Und heute wusste er, wo er sie finden würde. Keiner hielt sie auf, sie war ja nur ein kleines harmloses Mädchen, zumindest für die anderen.

Beim letzten Heimspiel war sie auf ihn zugelaufen. Sie hatte gewunken. Kupowski hatte das Schielen gesehen und ihm war schlecht geworden. Die anderen unterzeichneten Autogrammkarten im Außengang. Sie winkte und er drehte ab. Doch heute gab es kein Zurück. Er hatte es verpasst, mit den anderen nach draußen zu strömen und im Meer der Masse zu verschwinden. Er war fällig. Lass doch, sagte er sich, sie ist doch nur ein kleines Mädchen. Du solltest Mitleid haben. Aber sein Herz war umgeben von einer dunklen, wabernden Schleimkruste namens Ekel. Er kam nicht durch bis zum Mitleid. Er wollte einfach nur weg.

Er duschte, versuchte sich das Unbehagen von der geröteten Haut zu seifen, sprühte seinen ganzen Körper mit Deodorant ein, zog sich an und schulterte die gelbe Sporttasche. Mit vorgetäuschter Entschlossenheit ballerte er die Schwingtür auf, die wie ein Ausdruck seines Widerstands vor- und zurückschwang und marschierte den Gang herab. Er war Kupowski, hatte keine Angst vor den gefürchtetsten Torhütern der Welt. Er würde an einem kleinen Mädchen vorbeikommen.

Als er die Tür nach draußen aufstieß bemerkte er den feinen Regen, der die Welt in ein Feuchtbiotop verwandelt hatte. Er zuckte nur kurz zusammen, ganz kurz, als er sie am Geländer stehen sah, ihr Körper anfangs in kindlicher Verzweiflung zusammengekrümmt. Dann richtete sie sich auf, strahlend und er wusste, dass er einen taktischen Fehler begangen hatte. Sie dachte, dass er für sie später herausgekommen war. Sie dachte, dass er mit ihr alleine sein wollte. Für einen Moment wich sein entschlossener Gang dem geriatrischen Getrippel eines Greises. Dann besann er sich seiner alten imaginären Stärke und schritt vorwärts, den Blick geradeaus gerichtet, konzentriert, beschäftigt, die Gedanken ganz woanders.

„Udo". Die Stimme war schrill und kehlig.

Er ging weiter, hatte sie fast erreicht.

„Udo. Hallo, kann ich mit dir reden?"

Das konnte er unmöglich überhört haben. Gib ihr ein Autogramm und dann verschwinde, dachte er sich. Mit einem Haifischgrinsen drehte er sich zu ihr. Sein „Ja" wirkte gar nicht souverän, sondern klang wie herausgewürgt.

„Ich muss mit dir reden."

Reden? Spinnt die?

„Was? Äh,.. du ich habe es eilig. Ich geb' dir ein Autogramm, okay? Hast du was zu schreiben?"

„Nein, ich brauche keine Unterschrift. Wir müssen reden."

Er war kurz davor, einfach wegzulaufen. Sie ist nur ein Mädchen, dachte er, während sie mit fischigem Blick durch ihn hindurchblickte.

„Was , was ist denn?"

Sie blickte ihn an und so standen sie für einen kurzen, ewigen Moment, eingefroren in Raum und Zeit in einer absurden Konstellation. Ihre Augen waren rund und groß, ihre Haut seltsam farblos. Bildete er es sich ein, oder roch sie nach Hundefutter? Ungepflegt, dachte er sich. Sie nestelte am Reißverschluss ihrer Daunenjacke herum. Er hustete.

„Du bist mein Vater", sagte sie.

9. Spieltag – Kaisers

Dieses Arschloch. Dieses verdammte Arschloch. Sei doch alles gut, meint er mit seinem süffisanten Lächeln. So ein Arschloch. Vor 10 Jahren hat dieser verdammte Verein noch in der vierten Liga gespielt und ich weiß auch warum. Weil es dieses Pisskaff noch gar nicht auf der Landkarte gab. Und ich Idiot habe mich überreden lassen.

Gestern Abend habe ich es versucht. Habe versucht, die schönen Seiten dieser Nicht-Stadt zu finden. Die Seiten, die sie mir gezeigt haben, als ich zu Vertragsgesprächen hier war. Es gibt eine Straße mit alten Jugendstilvillen, die sind sie mit mir hoch und runter gefahren. Hier könnten Sie wohnen, Herr Gerber, bei einem Freund meiner Schwester im Haus ist eine Spitzenwohnung frei geworden. Erste Sahne. Luxus pur. Jugendstil. Und die Autos, die er mir angeboten hat. So ein Arschloch.

Ich also gestern Abend unterwegs, die zwei anderen haben mich mitgenommen, Gicki und Simpel. Hey, wir gehen erst einmal in den angesagtesten Club, haben die gesagt. Gicki fährt mit seinem Phaeton vor. Wir die Hauptstraße entlang, was schon frustrierend genug ist. Hauptstraße heißt hier: Kaisers und Karstadt. Wir also vorgefahren, aber keine Schlange oder so, sondern einfach rein, ohne Kontrolle. Unten sah es finster aus, etwas Schwarzlicht und zwei dicke Mädels schlängelten sich um eine Stange rum. Wie die mich sehen, reißen sie die Augen auf und fangen an zu grinsen. Da wollt ich schon wieder raus, aber Gicki und Simpel schienen sich irgendwie auf diesen Club gefreut zu haben. Ich hab ja mitgemacht, wollte nicht den Spielverderber geben. Simpel bestellt ne Flasche Schampus. Kam an den Tisch. Und dann ging's los. Da kommt so einer mit Brille und will ein Autogramm von mir, dann noch eine und dann noch einer. Jetzt ist mal gut, habe ich dann der vierten gesagt, so eine Tussi mit Dauerwelle und billigen Ohrringen. Legt die den Kopf schief und macht so ne Schmollschnute, als ob sie irgendsoein Superweib wäre und sagt: Bitte, bitte, komm schon, nur für mich. Ich gucke Gicki an und sag: Das reicht, ich bin raus. Die anderen beiden nicken sich zu. Lass uns woanders hinfahren, sage ich. Die beiden gucken sich an. Hier gibt's nix mehr. Ich habe nur gestarrt. Wir könnten nach Hamburg, sagten die und ich war kurz davor, echt, so kurz. Aber weil ja heute das Spiel war, da hab ich dann gedacht, okay, bleibste halt hier, was soll's.

Heute Morgen ruft mich dann mitten im Training der Manager raus, der Typ, der mir ohne Ende Honig um den Bart geschmiert hat, damit ich ja auch zu seinem tollen Verein in dieses Kaff komme. Gerber, meint er, so läuft das nicht bei uns. Was läuft nicht, frage ich. Nachts um die Häuser ziehen, sagt er. Ich so: Hier gibt's doch gar keine Häuser, um die man ziehen kann. Ich solle aufpassen, was ich sage, sagt er. Ich frage ihn, was denn sonst so alles passieren könnte. Ich weiß ja, dass der Typ unter Druck steht, weil die viel Kohle für mich hingeblättert haben. Ich solle mein Maul nicht so weit aufreißen, sagt er, solle mal kleine Brötchen backen, hätte ja in meiner Karriere noch nicht viel erreicht. Da ist mir der Kragen geplatzt. Hab ihm gesagt, dass ich den Scheißverein bei der nächsten Gelegenheit verlassen werde. Da hat er mir die Vertragsdetails vorgehalten und dass ich schön artig mitmachen solle, da ich für die nächsten drei Jahre unterschrieben hätte. So ein Arschloch. Okay, sage ich, okay. Wir werden sehen. Er kann hier gerne für den Rest seines Lebens versauern. Ich habe noch ein Interview nach dem Spiel. Da werden wir ja sehen.

10. Spieltag – Duschtrakt

Drei Tore heute. Nicht, dass es irgendjemanden verwundert hätte. Am wenigsten ihn selber. Er klatschte die Reihen seiner Mitspieler auf der Ersatzbank ab, nahm sich eine Trinkflasche und leerte sie über seinem Kopf aus, die Augen dabei geöffnet. Selbstbewusst lächelte er in das Blitzlichtgewitter der Kameras, die sich auf der Tartanbahn positioniert hatten. In einem Licht- und Schattenspiel marschierte er langsam in den dunklen Kabinengang, leise vor sich hin summend. Tatsächlich ging er im Inneren des Ganges so langsam, dass er die Tür zur Kabine erst erreichte, als seine Mitspieler frisch geduscht den dampfenden Raum verließen. Im krassen Kontrast zu der atemberaubenden Geschwindigkeit, mit der er über den Platz gewirbelt war, zog er sich, immer noch summend, im Zeitlupentempo aus, legte sich ein Handtuch über die Schulter und trat vorsichtig in den gekachelten Duschtrakt.

Er nahm gleich die erste Brause, drehte sie auf ganz kalt und stellte sich, immer noch in gemächlichem Tempo, darunter. Dann wandte er sich zur Wand und stellte den Duschregler auf ganz heiß. Stoisch stand er da, die Arme neben sich gestreckt, wie ein Pistolero, der sich in einem Duell seinem Gegner stellt. Sein Körper wirkte makellos, muskulös, einheitlich leicht gebräunt, keine Haare bedeckten seine glatte Haut. Langsam füllte sich der Trakt mit weißem Dampf, und kleine Tropfen liefen die weißen Kacheln herab. Er stand unbeweglich, ganze sieben Minuten, bis man in den dicken Nebelschwaden die Hand nicht mehr vor Augen sehen konnte.

Fast unbemerkt im lauten Rauschen des spritzenden Wassers zeichneten sich die Konturen einer weiteren Person im weißen Dampf ab. Ein Mann trat aus dem Hintergrund in den Trakt. Der Duschende schien den anderen nicht zu bemerken, bis sie sich schließlich gegenüberstanden, zwei Wesen, die unterschiedlicher nicht sein konnten: Vor dem perfekten Körper des Fußballers stand ein mittelalter Mann mit braunen bis grauen langen Haaren, der eine beigefarbene Cargohose und einen blauen Pullover trug. Er stand leicht gebeugt vor dem anderen und starrte diesen mit liebevollem Blick an, bevor er dessen Namen in die Feuchtigkeit hauchte: „Marvin".

Der Nackte blieb unbeweglich stehen, sein Blick schien durch den anderen hindurchzugehen, aber er lächelte unentwegt. Der Mann, der frisch in die Dusche gekommen war, streckte seine Hand aus und berührte die Wangen des anderen. Dann fuhr er mit der Hand den Hals hinab, die Schulter entlang, führte seine Finger über den Brustkorb, den stahlharten Bauch, die Hüfte. Er ging auf die Knie, um die Hand weiter wandern lassen zu können. Am unbehaarten Schambereich hielt die Hand inne. Der Bekleidete nahm das Glied des anderen in die Hand und drehte es in kurbelnder Bewegung fünfmal im Kreis. Daraufhin klappten sich beide Kniescheiben des Duschenden nach außen und unter der perfekten Haut wurde ein komplexes Geflecht aus Kabeln, Elektroden, Schaltungen und blinkenden Signallämpchen sichtbar.

„Lass mal sehen, was dein Knie macht, mein Kleiner." Hinter den Kabeln kam ein glänzendes Platingelenk zum Vorschein, das von dem Bekleideten kundig abgetastet wurde. Nach der Untersuchung wurden die Hautklappen, wieder verschlossen und der Mann mit den langen Haaren richtete sich auf, die Haut des anderen dabei nach Schrammen oder Dellen abtastend.

„Was haben sie heute mit dir gemacht, he? Nichts haben sie. Sie können dir nichts anhaben. Sie können nicht mithalten. Du bist perfekt." Der Fußballer starrte weiter geradeaus und lächelte.

„Aber was war denn in der 34. Minute los? Du solltest ihn doch tunneln, hm, mein Kleiner? Stattdessen hast du ihm den Rücken zugekehrt, den Ball ein paar Mal in der Luft balanciert, über ihn drübergehoben und bist vorbei. Du weißt doch, dass wir mit solchen Kabinettstückchen nur auffallen. Wirst mir doch nicht selbständig werden, oder?" Der Mann schüttelte mit leicht ironischem Grinsen den Kopf. Dann haute er dem Fußballer auf den festen Po. „Ich nehm' dich noch einmal mit. Wir müssen ein paar Feinjustierungen machen."

Er nahm den anderen an der Hand und ging auf den hinteren Teil des Duschtrakts zu, aus dem er selber gekommen war. In einem Gang, der mit Garderoben und Kleiderhaken ausgestattet war, drehte sich der Weißhaarige zur Wand, legte seine Hand auf eine der Kacheln und ein mannshoher Teil der Wand schob sich sirrend nach hinten. Als beide den dahinterliegenden Raum betreten hatten, schob sich die Wand wieder nach vorne. Der Raum, im dem sich die beiden befanden, glich einer Flughafenkontrollstation. Vor der mit Monitoren ausgefüllten Wand, auf die die beiden zugingen, stand ein Tisch mit Kontrollpanelen aller Art. Rechts und links davon waren Metallschränke zu sehen, teilweise mit Glastüren, in denen Kabel hingen oder Hautschalen verschiedenster Farben. Ein Tisch war übersät mit kleinen Metallstreben, Werkzeug, Schrauben und Drähten. Der Raum, der im hellen Neonlicht kalt wirkte, war ein Sammelsurium von technischen Geräten.

Der Wissenschaftler führte den Fußballer neben eine freie Liege und wies ihn an, sich auf den Rücken zu legen. „Sie dürfen nichts merken, Marvin, weißt du?", sagte er mit einer hohen Stimme und tätschelte dem Liegenden den Arm. Dann schraubte er mit einem kleinen Kreuzschlitz die Stirn des anderen auf und inspizierte die darunterliegenden Platinen. Er schraubte und justierte ungefähr zwei Stunden lang, bis er die letzte künstliche Öffnung seines Androiden verschlossen hatte und ihm zärtlich über die Stirn strich. „Marvin."

„Emwe." Das war die Abkürzung des Doppelnamens des Wissenschaftlers. Alle im Verein nannten ihn so, nur die Öffentlichkeit kannte ihn mit vollem Namen. Seltsamerweise bekam er aber immer ein flaues Gefühl im Magen, wenn Marvin ihn mit dieser Reduktion seines Namens ansprach, denn aus dem Mund des Androiden ausgesprochen hörte er immer das Wort „Heimweh".

„Wir werden die Woche ein wenig an deinem Sprachzentrum werkeln, mein Kleiner", sagte Emwe und drehte sich um.

Die Reporter, die draußen vergeblich auf das Auftauchen des Stars gewartet hatten, fuhren um sieben enttäuscht nach Hause. „Wie macht er das immer nur", fragten sie sich, „dass er unbemerkt das Stadion verlässt?" „Er muss ein Geist sein", befanden sie, „oder im Stadion wohnen."

11. Spieltag – Blitzlichter

Früher war er immer anders gefahren, so dass er den Anblick des Gebäudes vermeiden konnte. Der graue Kubus hob sich vom Grüngürtel des Flussufers wie ein Mahnmal menschlicher Grausamkeit ab. Es kostete Sandic daher ein wenig Überwindung, in Richtung des Parkplatzes abzubiegen, der sonst nur Lehrern vorbehalten war. Ein freundlicher Schüler mit einer grellgelben Weste begrüßte ihn und wies seinen Maserati auf einen Parkplatz. Er quetschte das massive Auto zwischen die familientauglichen Lehrerkutschen, stieg aus und schaute auf den Eingang, über dem ein riesiges, offensichtlich von Schülern bemaltes, Banner mit den Worten „75 Jahre BBS Himmingen" hing. Es war gut, an die Schule zurückzukehren. Er musste noch etwas klären.

In der gläsernen Eingangstür standen eine junge, attraktive Frau und ein schlaksiger Kerl. Sie kamen ihm entgegen, kichernd und sich im Gehen aneinander lehnend, wie es nur Jugendliche konnten. Die junge Frau hatte lange, leicht gewellte Haare, der Junge neben ihr einen schicken Seitenscheitel und einen roten Bart. Sie winkten ihm zu und er winkte zurück. Die beiden stellten sich als Schulsprecher vor und geleiteten Sandic in das Gebäude. Damals, als er es zum ersten Mal betreten hatte, hatte es nach neuem Linoleum gerochen und größer gewirkt, stellte er fest. Mit staunenden Augen hatte er an seinem ersten Schultag, mit 16, den riesigen Aufenthaltsraum betreten und auf die breite Pinnwand mit den Stundenplänen geschaut. Sie gingen ins erste Stockwerk.

Er erkannte den alten Flur wieder, den blauen Boden, die Aushänge mit den Vertretungsplänen. Nur die Bildschirme, Ausdrücke eines Modernisierungswillens, die von den vier Ecken des riesigen Aufenthaltsraums strahlten, waren neu. Der Gang war leer, die Feierlichkeiten in der Aula waren schon im vollen Gang. Er sog den Duft nach Schule ein, die muffige Süße, die aus Reinigungsmitteln, Tonerstaub und Schweiß bestand.

Es hätte auch schön sein können, dachte er. Sie stapften den Gang wieder hinauf, vorbei an den schweren Holztüren, die in die Aula führten. Sie gingen zum Hintereingang, wo man direkt hinter die Bühne kam. Es war dunkel, der schwere Samtvorhang trennte sie von dem vorderen Teil der Bühne, wo Tische aufgebaut waren, an denen die Schulleitung und die Ehrengäste saßen. Er war froh, dass er wegen seines Bundesligaspiels nicht schon zum Beginn dieser Veranstaltung hatte kommen können. Die Schulleitung hatte natürlich mit Verständnis reagiert.

Sandic holte tief Luft. Er hatte sich in den letzten zwei Wochen ausgemalt, wie es werden würde, an diesen Ort zurückzukehren. Als die freundliche SMV-Vertreterin für ihn den Vorhang anhob, war er schon fast geneigt, das Spiel mitzuspielen. Er kam am hinteren Teil der Bühne heraus, aus dem Dunkel.

Die Tische waren gerichtet, aufgebaut wie bei einer professionellen Pressekonferenz, wie sie der FC abhielt. Es war schließlich die 75-Jahr-Feier des Beruflichen Gymnasiums Himmingens. Ein Tag, der gefeiert werden musste. Die Menschen an den Tischen drehten sich zu ihm um. Hektisch versuchte er, Rebensburg irgendwo zu erblicken, ohne Erfolg. Es war fast ein wenig unheimlich, als er ihn dann durch die Lautsprecheranlage, die die gesamte Aula beschallte, mit seiner sonoren Stimme sprechen hörte: „Ah, da ist er ja, unser Star." Erst als Sandic ein Stück vorwärts ging, in Richtung der Tische, die in einer langen Reihe aufgebaut waren, konnte er in den spärlich beleuchteten Saal blicken. Die Scheinwerfer waren auf das Podium gerichtet und er hielt sich eine Hand vor die Stirn, um besser sehen zu können. Die Menschen im Saal applaudierten, einige Schüler jubelten laut. Er wurde von der attraktiven Schulsprecherin zu einem leeren Holzstuhl geführt und erst als er sich gesetzt hatte, sah er den Mann, den er während seiner Schulzeit am meisten gefürchtet hatte.

Rebensburg, der in der Mitte des Tisches hinter seinem Mikrofon saß, hatte sich nun erhoben und hielt seine klatschenden Hände in Sandics Richtung, so als wäre er der Dirigent eines Orchesters. Immer noch löste der Anblick des Mannes, der ihn jahrelang gequält hatte, in ihm einen tief innewohnenden Abwehrmechanismus aus. Erst auf den zweiten Blick sah Sandic, wie alt der Mann geworden war. Er hatte kaum noch Haare auf seinem Kopf, das Gesicht war von Falten zerfurcht und die Augen hatten durch die tiefhängenden Tränensäcke einen traurigen Ausdruck bekommen. Dieser wich aber sofort der fratzenhaften Karikatur, die sein plötzliches Grinsen hervorbrachte.

„Unser Star", tönte die blecherne Stimme. Schüchtern hob der Angesprochene die Hand, um den Applaus abzudämpfen. Er sah in die erste Reihe und blickte zufrieden auf eine Frau mit einer Kamera, die neben einem Mann, der einen Notizblock in der Hand hielt, saß. Er kannte keinen der beiden, wahrscheinlich weil sie nicht dem Sportressort zugeteilt waren. Hauptsache Presse, dachte er. Wieder meldete sich die Stimme aus dem Lautsprecher: „Unser besonderer Gast: Ante Sandic, der hier vor erst …, na, wie viele Jahre waren es, vier Jahren seinen Abschluss gemacht hat." Wieder Applaus und wieder Johlen. Sandic räusperte sich.

„Ja, vielen Dank für die freundliche Begrüßung. Ich freue mich sehr, dass ich als besonderer Gast empfangen werde, denn so toll waren meine schulischen Leistungen ja nicht wirklich."

Das Publikum lachte, bis die Lautsprecherstimme mit einem falschen Kichern dazwischen fuhr. „Ja, Herr Sandic, oder ich darf doch Ante sagen, … wir alle haben uns natürlich gef…"

„Nein, ich möchte nicht, dass Sie mich beim Vornamen nennen. Ich nenne Sie ja auch nicht bei ihrem Vornamen." Das Lachen aus dem Publikum kam nun etwas zögerlicher. Sandic schaute zu Rebensburg herüber und lächelte freundlich. Er sah für einen kurzen Moment so etwas wie Verunsicherung im Gesicht des Direktors und war noch fester entschlossen, seinen Plan durchzuführen.

„Äh, ja, gut, das kann ich verstehen. Ähm, also Herr Sandic, Sie haben bei uns ja die Schule erfolgreich verlassen. Was hat Ihnen hier denn am besten gefallen?"

„Nun, das ist nicht so leicht zu beantworten, Herr Rebensburg. Ich finde nicht, dass ich die Schule erfolgreich verlassen habe. Ich war hier eigentlich auf das Wirtschaftsgymnasium gekommen, um ein Abitur zu machen, aber das hat ja, wie Sie sich sicherlich erinnern können, nicht geklappt." Es wurde nun deutlich ruhiger im Saal.

„Zu Ihrer zweiten Frage: Ja, anfangs hat es mir noch ganz gut gefallen, denn die Klasse war nett. Aber leider hatten wir diesen Englischlehrer, der mir ständig mein Versagen vorgehalten hat. Sie können sich sicherlich erinnern, oder Herr Rebensburg?" Wieder schaute Sandic nach rechts. Der Direktor schwieg.

„Mir hat's nicht so gefallen, wie Sie mich bloßgestellt haben vor den anderen und mir gesagt haben, dass ich nicht in diese Gesellschaft passe, Herr Rebensburg."

Sandic stockte. Er hatte noch viel mehr sagen wollen, aber nachdem die ersten Sätze aus ihm herausgepoltert waren, hatte er plötzlich die Befürchtung, dass alle über ihn lachen könnten und seine späte Abrechnung als peinlich empfinden würden.

Doch immerhin schien er seine Wirkung bei Rebensburg nicht komplett verfehlt zu haben, denn dieser starrte nur noch dumpf auf das Blatt vor ihm. Sein altes Gesicht war errötet. Er keuchte. „Nun, im Laufe eines Schullebens passieren ja so manche Dinge, aber ... konzentrieren wir uns doch auf einige nette Anekdoten aus Ihrem Schulalltag." Fast flehend blickte Rebensburg zu Sandic herüber. Von wegen nette Anekdoten, jetzt erfüllte ihn wieder die nötige Wut, um weiter zu reden.

„Nein, ich will keine Geschichten erzählen. Ich will hören, was Sie mir heute zu sagen haben. Vor all den Leuten hier. Sie haben mir von Anfang an klar gemacht, dass der Fußball für meine Schulkarriere nicht förderlich wäre. Daher haben Sie mir auch immer Strafarbeiten gegeben und schlechte Noten, wenn ich es nicht schaffte, die Stunden dafür aus meinem Tagesablauf herauszuschneiden."

Es dröhnte in den Lautsprechern. Sandic sah, wie der Direktor mit der flachen Hand auf sein Mikrofon klopfte. Hastig sagte er: „Wir wollen jetzt doch vielleicht noch einmal hören, zu welchem Thema unsere Klassenbeste aus dem Jahre 2004 ihre Doktorarbeit in Kalifornien verfasst hat ..." Daraufhin meldete sich die dunkle Masse aus der Tiefe des Saals. Es waren Buhrufe und Pfiffe zu hören.

„Ich war noch nicht ganz fertig, Herr Rebensburg. Ich habe noch nicht einmal angefangen. Aber das war schon immer Ihre Art: Was Ihnen nicht passte, haben Sie im Keim erstickt. Als ich mich bei der damaligen Schulleitung darüber beschwerte, dass Sie mich immer genau dann an die Tafel holten, wenn Sie wussten, dass es um die Verlaufsformen in der Vergangenheit geht, die ich nie verstanden hatte, haben Sie den Spieß umgedreht und mir dauerhaftes Fehlverhalten im Unterricht unterstellt, was mir einen Schulverweis einbrachte. Danach haben Sie mich hauptsächlich mit Worten fertig gemacht: Du Versager, mehr als gegen einen Ball treten kannst du nicht, du wirst es nie zu etwas bringen, das waren nur die harmloseren Aussagen."

Rebensburg war nun aufgestanden und wedelte mit den Händen. Schweiß stand auf seiner Stirn und er schien hektisch nach Worten zu suchen. Es entstand eine Unruhe im Saal. Leute im Publikum standen auf und Sandic sah, wie die Leute am Tisch wild gestikulierend diskutierten. Noch einmal lehnte er sich vor ans Mikro: „Ich soll zurückgehen in den Kosovo, haben Sie gesagt, Herr Rebensburg. Und dann haben Sie gelacht." Seine Stimme hatte sich dabei gebrochen und Sandic ärgerte sich maßlos, dass er sich angesichts dieser nur erinnerten Demütigungen immer noch wie ein Schulkind fühlte. Er hatte sein Gesicht nach vorne geneigt, damit keiner seine feuchten Augen sehen konnte. Doch es war auf einmal wieder vollkommen still im Saal. Niemand redete, auch Rebensburg saß wie angewurzelt auf seinem Stuhl. Dann spürte er eine Hand auf seiner Schulter. Er drehte sich um und sah, dass Frau Haberer, seine alte Geschichtslehrerin neben ihm stand. „Danke", sagte sie. Sandic lächelte. Im Hintergrund sah er den Direktor immer noch zusammengekauert in seinem Sitz sitzen. Die Mundwinkel des Mannes zuckten, doch er schien nicht in der Lage zu sein, zu sprechen.

Sandic stand auf, und die Blitzlichter ergossen sich über den Saal, was wie ein reinigendes Gewitter die Geister seiner Schulkarriere aus den Tiefen seines Gemüts vertrieb.

12. Spieltag – Der Boss

Er schaute mich mit seinen blutunterlaufenen Augen an. Sein Blick war fast traurig. Ich sah auf seine dicken Oberarme, die mit den verschiedensten Tattoos übersät waren: Ein Totenkopf, aus dessen Augenhöhlen sich eine Schlange wandte, ein Dolch, der sich tief in ein blutendes Herz gebohrt hatte, ein hässlicher Vogel, dessen weit aufgerissener Schnabel absonderlich verstörend wirkte. Endlich sprach er. Er verlor nie viele Worte und ich wusste, dass ich zuhören und mir alles genauestens einprägen musste, wenn er sprach. Jedes Detail war wichtig.

„Ich mach dich kalt", sagte er mit ausdrucksloser Miene. Ich schluckte.

„Was?"

„Ich schlitze dir den Bauch auf und knote deine Eingeweide an eine Laterne. So werden sie dich finden. Ein Scheißtod."

Ich blickte nach vorne, ohne etwas zu sehen. Die Unterredungen mit Kalle waren nie von Vorfreude begleitet gewesen, aber nun fing ich an zu schwitzen und ich merkte, dass ich vor Aufregung einige Tropfen in meine Hose gemacht hatte. Ich versuchte klar zu denken, aber ich wollte nur noch aufstehen und um Hilfe rufen.

„Falls da noch einmal so ein Ding abläuft und du den Brahimi aufstellst, dann bist du tot."

Ich hob beschwichtigend die Arme. „Okay, okay. Das war ein Fehler. Ich hatte gedacht, ich sollte ihn aufstellen. Hatte das irgendwie falsch verstanden."

Er beugte sich nach vorne. „Ich scheiß auf deine Ausreden. Spar dir deinen Atem. Du bist tot, verstehst du?"

Drei lange Sekunden vergingen. Ich nickte.

„Fickpinscher." Ein weiterer verbaler Peitschenhieb. Ich starrte ihn an.

Er holte einen kleinen Zettel aus seiner Kutte. Ein Einkaufszettel, kam mir spontan in den Sinn und in dem Moment als ich diese Assoziation hatte, überkam mich die absurde Angst, dass er meine Gedanken lesen könnte. Das wäre dann wohl der nächste Schritt. Dass der Boss dem Verein eine Liste der zu kaufenden Spieler unterjubelte. Ich war versucht zu lachen, lauthals, es war mir aber klar, dass es nur wie ein jämmerliches

Wimmern herauskommen würde und meine Position in unserem Treffen nur noch weiter untergraben würde. Ich musste um jeden Funken Würde kämpfen, wenn auch faktisch nichts mehr übrig war.

Ich legte meine zitternden Hände auf meine Jogginghose und schaute hinauf in die Baumkronen. Hier trafen wir uns immer. Auf der Parkbank im Wald, dort wo es keine Spaziergänger und keine bekloppten Mountainbiker hinzog. Freitagmorgens um sechs. Und wie jeden zweiten Freitag gab er mir diesen Zettel mit der Aufstellung. Und ich nahm ihn und hielt mich dran. Den Zettel gab es, seitdem ich den Sechser fünf Minuten vor Spielende ausgewechselt hatte. Der Innenraum meines A6 war daraufhin ausgebrannt. Jenny hatte mich gefragt, warum ich es denn nicht der Polizei melde, aber ich hatte nur mit dem Kopf geschüttelt und etwas von „…bringt doch nichts …" gemurmelt.

Der Boss war Teil des Vereins. Ich wusste nicht viel, aber irgendwann nach meinem ersten halben Jahr als Cheftrainer hatte mich der Geschäftsführer beiseite genommen und mich in sein Büro geführt. Er hatte das Gespräch mit den Worten begonnen, dass es die folgende Unterhaltung niemals gegeben habe und obwohl mir da schon nichts Gutes schwante, war mir das ganze Ausmaß des Wahnsinns noch nicht klar gewesen. Zuerst waren es nur ein paar Fans gewesen, die der Vorstand einfachheitshalber zum Ordnungsdienst gemacht hatte. Doch schon bald hatte die Bande, die den Großteil des Ordnungsdienstes ausmachte, die gesamte Ultraszene im Griff. Die Androhungen der Vereinsführung verliefen ab der Stelle ins Leere, als dem Präsidium klar gemacht wurde, dass der Handel mit den ganzen Anabolika über sie lief. So zumindest reimte ich mir die Story zusammen. Der Geschäftsführer war in seinen Ausführungen natürlich sehr vage geblieben.

Ich machte Anstalten, mich zu erheben, wollte der wuchtigen Gestalt neben mir so schnell wie möglich entkommen, aber Kalle musste es gemerkt haben. Bedächtig, fast zärtlich legte er die Hand auf meinen Unterarm. Es war nur eine feine Berührung, aber es durchfuhr mich, als wäre ich von Thors Hammer getroffen worden. „Bleib", knurrte er. Ich blieb.

„Lies die Liste."

Ich schaute ihn verunsichert an. Was wollte er? Vorher hatte ich seine Hinweise kommentarlos hinnehmen müssen, anfangs waren es ja auch nur wenige Spieler gewesen, die er im Namen der Gang verlangt hatte, erst seit der neuen Saison bestimmte er die gesamte Aufstellung. Es war nicht so, dass er sich nicht auskannte. Einer von den *Dirty Heroes* war immer beim Training zu sehen. Irgendwie waren sie auch immer bestens über den Krankenstand der Mannschaft informiert. Es waren nie schlechte Aufstellungen gewesen, dass konnte man nicht behaupten. Aber als ich fröstelnd neben ihm auf der kalten Holzbank auf der Lichtung saß und mit steifen Fingern den Zettel entfaltete, schwante mir nichts Gutes. Und dann entfuhr mir ein Lachen, das wohl eher wie ein Quieken klang. Die Aufstellung war ein Witz. Von der Stammelf waren noch fünf Mann übrig. Dazu Hoftes, der gerade erst wieder ins Training eingestiegen war, Langmann, der am Ende der Saison verkauft werden sollte, und dann noch vier Nachwuchsspieler. Ich faltete den Zettel wieder zusammen. Ich wusste, dass er es ernst meinte. Und dass er mich auf die Probe stellen wollte. Es war wegen der Sache mit Brahimi. Ich ließ kurz den Kopf hängen und schaute den gefrorenen Waldboden an. Das nächste Spiel würde also verlorengehen. Und alle würden mich fragen, was mich zu dieser Aufstellung getrieben hatte.

Der Wind fuhr durch die dunklen Baumkronen. Kalle drückte mir seine Hand auf die linke Schulter und seine dicken Finger bohrten sich durch den Anorak in meine Haut. Dann drehte er seinen Kopf zu mir, während ich ihn wie ein vor Schreck erstarrtes Kaninchen fixierte. Ich spürte seinen kalten Atem auf meinem Hals. Für einen kurzen Moment überlegte ich, ob ich mutig sein und ihm irgendetwas entgegnen sollte. *Ich stehe auf, schüttele seinen Arm ab und sage: „Lass mich los oder ich schneide dir deine verkackten Eier ab."*

Seine Finger drückten noch fester zu, als hätte er meine Fantasie erahnt und als wolle er meine erdachte Aufmüpfigkeit im Keim ersticken. Meine Vorstellungen liefen jetzt in eine andere Richtung: Ich sah mich blutüberströmt aus dem Wald heraustreten auf die spärlich beleuchtete Landstraße, wo ich zusammensackte. Ich sah Jenny an meinem Grab stehen, weinend und auf eine zarte Art anmutig und schön, hinter ihr die Vereinsführung und die Spieler, die alle eine Rose in der Hand hielten.

Dann ließ der Griff nach, während ich die Augen schloss und tief durchatmete. Als ich sie wieder öffnete, war Kalle gegangen. Es dauerte zehn Minuten, bis ich aufstand und ging.

13. Spieltag – Der Poet

Glitzernder Tau in grünem Grund.
Sanfter Schimmer hängt neblig
über der verschwommenen Wiese.
Der Morgen gähnt in tröstender Langsamkeit,
der Horizont reibt sich die Augen.

Ledriges Rund, wütend über
weite Wiesen wandelnd,
verweile auf dem tröstenden Grase,
das zärtlich seine Arme nach dir recket.
Ruhe, flattriges Bällchen, denn
kein Spiel mag die Wichtigkeit erfahren,
die das grüne Geheimnis trägt.
Trolle wild, Leder. Lebendig wirst du
nicht erst durch des Fußes Tritt.

Mensch, der du dich der Schöpfung Krone erachtest,
merkst du nicht, wie wenig dein Wollen wirkt? Es
ist das Schmachten der Natur, die dich am Leben hält.
Es ist das fröhliche Treiben des Lebens selbst, sich
äußernd in der unendlichen Vielfalt des Seins, das kriecht,
zwitschert, krabbelt, jubiliert, doch niemals denkt,
niemals sich am Steuer wähnt.

Komm, leg dich zu mir
auf den Rasen, Wandernder. Schau
die Wunder, die dich umgeben, strecke,
gleich mir, deine Arme aus und kralle,
gleich mir, deine Hände in die Geheimnisse
der feuchten Erde. Fühle, atme,
wisse. Mensch …

„Siemering, du faule Sau. Steh' auf. Es ist Training. Was? Du bist schon wieder zugekifft? Das gibt's doch nicht. Na warte, ich zerre dich unter die kalte Dusche. Atze, hilf mal ... Siemering, du bist raus, hörst du? Du spielst ab heute in der Zweiten."

14. Spieltag – Die Kanüle

Sehr geehrter Herr Steilker,
ich wende mich heute schriftlich an Sie, da ich in meiner momentanen Situation ratlos bin. Auf Gesprächsanfragen haben leider weder das Präsidium, noch der Aufsichtsrat, noch die Geschäftsleitung reagiert, daher sind Sie in ihrer Funktion als Ehrenvorsitzender der letzte Strohhalm, an den ich mich klammere. Bitte lassen Sie mich erklären.

Als ich im März dieses Jahres die Mannschaft übernahm, war mir klar, dass die Abwendung des Abstiegs ein fast aussichtsloses Unterfangen werden würde. Bereits vor meiner Einstellung als Trainer der ersten Fußballmannschaft gab es sowohl von Seiten des Vereins, als auch von mir eine klare Übereinkunft, dass das Engagement unabhängig vom Erhalt in der Liga bestehen bleiben würde. Das Vertrauen, das mir seinerzeit von der Vereinsleitung entgegengebracht wurde, hat mich erfreut und sicherlich auch dazu beigetragen, dass ich den stark abstiegsbedrohten Verein übernehmen wollte.

Wie wir wissen, hat sich der restliche Verlauf der Saison als überaus positiv dargestellt, was dazu führte, dass die Klasse gehalten werden konnte. Schon damals legte ich einen vermehrten Wert auf die körperliche Fitness der Mannschaft, denn deren Mangel war zumindest ein Teil der vorherigen Erfolglosigkeit. Anfangs führte ich die Steigerung der Ausdauer und der Schnelligkeit in Einzelsprints auf den geänderten Trainingsaufbau zurück.

Eine deutliche Leistungssteigerung konnte ich dann aber auch direkt nach der Sommerpause feststellen, was mich anfangs mehr erfreute als verwunderte. Ich war davon ausgegangen, dass die Spieler auch in ihrem Urlaub noch trainiert hatten, um sich ihre Form zu erhalten oder sie sogar zu verbessern. Die Laktatwerte waren von Anfang an bei den meisten im grünen Bereich und so konnten wir von Beginn der neuen Saison an durch stark verbesserte Laufleistung auch in der Tabelle höher gewertete Mannschaften in Bedrängnis bringen und haben unerwartete Siege eingefahren.

Ich wäre wahrscheinlich nie auf die Idee gekommen, dass irgendetwas an der Leistung der Mannschaft nicht mit rechten Dingen zugeht, wenn ich nicht eines Abends nach dem Mannschaftstraining noch einmal in die Umkleidekabine gegangen wäre. Dort sah ich, wie der Mannschaftsarzt sich über einen sitzenden Spieler beugte. Ich wunderte mich, da an jenem Tag gar kein Training anberaumt war und die Spieler eigentlich frei hatten. Noch mehr wunderte ich mich, als ich sah, dass es sich bei dem Spieler um Seimsmeier handelte, der in den letzten Wochen zu konditioneller Hochform aufgelaufen war und der nun nur mit Shorts bekleidet vor mir saß. Als ich den von mir verlorenen Chip zum Öffnen der Garagenschranke suchte, fiel mir im Mülleimer eine Kanüle auf.

Ich war in jenem Moment zu verdutzt, um irgendwelche Schlüsse zu ziehen, auch wenn es mir seltsam vorkam, dass der Arzt etwas verlegen zur Seite schaute, als ich ihn fragte, was er denn gemacht habe. Er stammelte etwas von Vitaminspritzen und ging zusammen mit dem Spieler hinaus. Erst am Abend, als ich mit meiner Frau beim Essen saß und wir den Tag noch einmal Revue passieren ließen, wunderten wir beide uns über dieses merkwürdige Verhalten der beiden besagten Personen. Allerdings maß ich diesem Ereignis keine besondere Bedeutung bei und hätte diese kurze Sequenz sicherlich vergessen, wenn mich nicht eine absonderliche Leistungssteigerung meiner Mannschaft in den kommenden Wochen stutzig gemacht hätte. Zwar hatte ich aufgrund der offensichtlichen Schwächen der Mannschaft im konditionellen Bereich in den Wochen zuvor mit meinen Assistenztrainern Herbert Hager und Özdemir Süncik mein besonderes Augenmerk auf das Ausdauertraining gelegt, doch dies vermochte die offensichtlich immens ansteigende Laufbereitschaft gerade im Schlussdrittel des Spiels für mich nicht ausreichend zu erklären.

Spieler, die zu Ende der letzten Saison noch am Rande des Zusammenbruchs zu stehen schienen, wenn man sie in der 60. Minute auswechselte, trabten nun federnden Ganges nach einem Spiel in die Kabinen und wirkten wie junge Zuchtpferde, die noch nicht genug Auslauf hatten. Ich suchte daraufhin das Gespräch mit dem Mannschaftsarzt, der mir aber mit einem souveränen Grinsen versicherte, das alles korrekt verlaufe und ganz sicher keine leistungssteigernden Zusätze verabreicht würden außer den üblichen Nährstoffergänzungen. Zusätzlich würden die Spieler über verbesserte Massagetechniken und Magnetresonanztherapie besonders regenerieren können, was erstaunliche Resultate erzielen könne. „Wieso sprechen Sie von Doping?", fragte ich ihn. Er hatte explizit dieses Wort benutzt. „Doping? Habe ich doch gar nicht gesagt." Lachend drehte er sich weg und ging.

Ich bemühte mich, den Ausführungen meines Kollegen Glauben zu schenken, doch einmal gesät, lässt sich ein nagender Zweifel schwer ignorieren. Ab Oktober befiel mich prinzipiell nach Siegen, aber auch bei durch kämpferische Leistung herausgearbeiteten Unentschieden, ja sogar bei ungerechtfertigten Niederlagen ein ungutes Gefühl. Zunächst verachtete ich mich dafür und schalt mich innerlich einen schlechten Gewinner. Meine Frau machte mir sogar Vorwürfe und meinte, dass ich mir die Verbesserung der Leistung der Mannschaft doch ruhig auf meine eigene Fahne schreiben könne und dass ich prinzipiell ein zu bescheidener Mensch sei, was sich auch dummerweise in meinen Gehaltsforderungen geäußert habe, doch so sehr ich mich auch bemühte – ich konnte nicht unbeschwert in die allgemein herrschende Euphorie einstimmen. Ich bemühte mich wirklich, scheiterte aber kläglich.

Ich schreibe Ihnen dies nicht, weil ich auf diese Weise meinen Vertrag nachbessern will. Ganz im Gegenteil. Ich muss zu meiner Schande gestehen, dass ich in den letzten vier Wochen vor der Winterpause bewusst die Spieler aufgestellt habe, die mir im Training zu wenig motiviert schienen. Dazu habe ich das Konditionstraining vollkommen eingestellt und nur noch Taktikübungen gemacht. Die andauernde und völlig unerklärliche Siegesserie meiner Mannschaft war mir, das muss ich leider eingestehen, unheimlich geworden.

Wie Sie wissen und an der Tabelle ablesen können, habe ich es nicht geschafft, trotz meiner kontraproduktiven Aufstellungen, die Mannschaft zum Verlieren zu bewegen. Mir ist mittlerweile klar, dass es dafür nur eine Erklärung geben kann. Die Mannschaft wird andauernd und systematisch gedopt. Ich möchte, dass wenigstens Sie, Herr Steilker, von der kriminellen Attitüde von Teilen der Mannschaft und des ärztlichen Betreuerteams erfahren. Ich bitte Sie außerdem, mit Mannschaftsleitung, Aufsichtsrat und Präsidium zu sprechen, damit wir uns aus dieser schwierigen Lage herausnavigieren und einer Kollektivstrafe des DFB entgehen können. Bitte teilen Sie mir mit, wie wir gemeinsam mit dieser komplizierten Situation umgehen können. Ich habe die gesammelten Ungereimtheiten in einem blauen Aktenordner gesammelt, damit ich im Zweifelsfall etwas in der Hinterhand habe. Ich bedanke mich schon jetzt für Ihr Verständnis für meine Situation.

Mit freundlichen Grüßen
Hans-Joachim Kranz

15. Spieltag – Die Linie

Jedes Lachen war eine Bedrohung. Er zwang sich, nicht auf die trainierenden Spieler herüberzublicken, denn er wollte keine Schwäche zeigen. Er wusste, dass er es war, über den sie lachten. Verständlicherweise. Sein Bauch stülpte sich so weit über den Hosenbund hinaus, dass er seine Arme, die er ausgestreckt hatte, um den Markierwagen zu schieben, erst ab dem Ellenbogen sehen konnte. Er war dick, man nannte das heutzutage adipös, was in seinen Ohren fast eine sportliche Note hatte. Und die Spieler waren jung, gut aussehend und erfolgreich. Und sie brüllten vor Lachen und dazwischen verstand er bruchstückhaft Wörter wie „Alter", „fett", „hässlich" und er wusste, wen sie meinten, und er wusste, dass ihnen das Leben offenstand und seines sich immer mehr auf die kurze Zeit zwischen Abendessen und Zubettgehen, wenn er seine Lieblingsserie auf Netflix schaute, eingrenzte wie eine Tür, die sich langsam, aber sicher schloss.

So zog er seine Linie weiter, fast zärtlich, eine lange weiße Linie von einfacher Schönheit. Der weiße Kalk, der sich sachte über das gepflegt gestutzte Grün legte. Struktur und Ordnung in eine Welt, die sich durch unkontrollierbare Wucherung immer weiter ausdehnte. Der Sieg der Zivilisation über den Wahnsinn ungezügelter Natur. Die Linie, die über Sieg oder Niederlage entschied.

Ein Ball schlug neben ihm ein, flog ihm am Kopf vorbei, aber er lief stoisch weiter, blickte nicht einmal auf, um ihnen den Triumph zu verwehren. Weitermachen, bis sie den Spaß verlören. Er wusste, dass er in der Vereinsstruktur eine unbedeutende Position einnahm, nicht erst, seitdem Uli Hoeneß den „Greenkeeper" als unterste Stufe der Evolutionstheorie im Fußball definiert hatte.

Hätte er aufgeblickt, dann hätte er die zwei sich im Laufduell befindlichen Spieler gesehen, die sich in bedrohlicher Geschwindigkeit dem Spielfeldrand und ihm näherten. Eine Blutgrätsche später lag er am Boden und hielt sich den dicken Bauch, der wie ein umgekippter Kohlesack neben ihm lag. Sie hatten ihn voll erwischt, sicher nicht mit Absicht, aber erwischt hatten sie ihn und nicht nur der Bauch tat weh. Alter, hatten sie gesagt, Alter, das ist voll krass. Alter. Und da hatte er erwartet, auch ein wenig

Mitgefühl oder eine Entschuldigung entgegengebracht zu bekommen, aber das Gegenteil war der Fall. Alter, du kannst hier nicht mit der Scheißkarre rumfahren, überleg doch mal, das is gefährlich. Alter, ich hätt' mich verletzen können. Er hielt den Kohlesack, der ihn beschützte, und wimmerte und dann waren die Kraftprotze weg und er stand langsam auf, erst die Arme auf die Seite legend und dann kam er auf die Knie und da hörte er sie schon wieder grölen. Er wischte sich eine Träne aus dem Auge, als er es endlich geschafft hatte, zu stehen. Sie lachten. Sein Bein blutete. Der Markierungswagen war umgekippt und der Kalk war auf dem Grün verstreut. Andere Vereine hatten Nass-Markierwagen, da sah die Kreide einfach schöner aus und war viel weißer. Nun würde er wieder an den Spind gehen müssen, um Feger und Kehrblech zu holen und den Rest des Kalks musste er mit Wasser entfernen. Er stapfte und stiefelte, wie ein Tanzbär. Es dauerte eine halbe Stunde, bis er den Kalk beseitigt und die Linie wieder begradigt hatte. Dann hörte er die Rufe. Sie riefen seinen Namen und Alter, das natürlich auch. Aber sein Name war eindeutig auch dabei. Ey, Kampe, ey, du Mann mit dem Wagen, ey, Fetti. Gelächter. Er hielt inne und wusste nicht, was er machen sollte. Ey Kampino, komm mal her, das geht so nich. Jetzt konnte er nicht mehr nicht hingucken und so blickte er langsam auf und sah sie auf sich zukommen. Alter, Kampe, Mann. Und dann standen sie direkt vor ihm und bauten sich auf wie ein paar Westernhelden. Das kannste nicht bringen, Alter, ich hätt sterben können. Wir trainieren hier, da kannste hier nicht mit dem Ding rumfahren, ey, Alter. Kannste sprechen? Ey, ich will mal ne Entschuldigung, Mann, das war gefährlich. Er ließ die Arme hängen, wobei sie leicht abstanden, da sie durch die Rundung des Bauches in die Diagonale getrieben wurden. Alter, Mann bist du fett. Was isn mit dir, Kampe, kannste nich reden? Was isn? Entschuldigste dich oder was? Er schluckte und krächzte drei Wörter heraus. Was? Was? Hab ich nich verstanden, Alter. Tut mir leid. Alter, schon gut, dann mach mal den Abgang. Er bekam noch einen Ball auf den Bauch geworfen, begleitet von weiterem Gelächter, dann waren sie weg.

Er schaute auf die frisch gemachte Linie. Die hatten sie nicht betreten, alles war noch weiß und gerade. Dann ist alles gut, dachte er, so lange sie die Linie nicht übertreten.

16. Spieltag – Regenbogen

„Aber was ist mit dem Regenwald?"

„Wie, was soll denn mit dem Regenwald sein?"

„Der ganze Regenwald, den sie abgeholzt haben, um dieses Stadion zu bauen …".

„Was? Was weiß denn ich? Ich meine, das sind doch einfach unwichtige Dinge, Mama. Es geht um die verdammte WM."

„Thorben, ich fände es schön, wenn du nicht immer gleich zu Schimpfwörtern greifen würdest, wenn wir unterschiedlicher Meinung sind."

„Ich werde vielleicht für die WM in Brasilien nominiert und du machst dir Sorgen um den Regenwald. Das ist doch echt …"

„Aber das ist es doch. Du weißt doch sicherlich, unter welchen unmenschlichen Bedingungen diese Stadien erbaut wurden. Das Land hat eine extrem hohe Armutsrate."

„Ist das Hemd gebügelt?"

„Lenk nicht ab Thorben. Was mich noch viel mehr stört, ist die Tatsache, wie viele Flugmeilen zusammenkommen, damit all diese Leute nach Brasilien und dann wieder zurückfliegen. Welches Hemd denn?"

„Das für den Sponsorenabend. Mit dem Logo drauf."

„Nein, Thorben. Das hat Papa noch nicht gebügelt. Und ich sage dir auch warum. Das fehlt noch, dass wir ein Hemd mit dem Emblem eines Hühnerbarons bügeln. Weißt du, wie viele Hühner täglich durch dieses Unternehmen ermordet werden?"

„Sie werden nicht ermordet, Mama. Sie werden zu Fleisch verarbeitet."

„Ermordet. Oder wie würdest du dich fühlen, wenn du auf ein Fließband gelegt wirst, das dich ohne Betäubung direkt in den Schredder fährt? Zerhackt von kleinen Klingen, die dir alle Gliedmaßen abtrennen, lange bevor du endlich ohnmächtig wirst."

„Ich bin aber kein Huhn."

„Zumindest solltest du dir nicht zu sicher sein, dass du nicht als Huhn wiedergeboren wirst, wenn du solche Hemden trägst. Falls du überhaupt das Glück hast, als Tier wieder …".

„Mama. Ich glaube nicht an solchen Quatsch."

„Das ist kein Quatsch. Das ist Karma. Und du weißt ja, ... Ah, da kommt Papa."

„Was ist denn, Luna? Junge, schick siehst du aus."

„Mama will nicht, dass ich mit zur WM fahre, weil dort Hühner sterben."

„Das stimmt nicht, Merlin. Das habe ich nie gesagt. Aber wir wissen doch alle drei, welche Verhältnisse da herrschen und ..."

„Kommt doch mal alle her, Kinder. Ich spüre, dass hier eine gewisse Schwere in der Luft hängt. Ich hole mal den Redestab und dann können wir in aller Ruhe ..."

„Nein, können wir nicht, Papa. Ich muss zum Training. Und ich habe auf diesen Schwitzhüttenblödsinn auch keinen Bock."

„Thorben, was ist denn mit dir? Worte schaffen Wirklichkeit. Und wenn du ..."

„Wenn ich sage, dass ich keinen Bock habe, dann werde ich zum Ziegenbock? Geht nicht, ich werde schon zum Huhn. Verdammt, keiner meiner Freunde hat so durchgeknallte Eltern wie ich."

„Das hatten wir doch schon besprochen, Thorben. Nicht alle Menschen sind gleich. Unterschiede machen das Leben bunt. Und mit uns war es ja wohl auch nicht nur schlecht. Denk an die Sommer auf den Rainbow-Festivals."

„Nein, ich will nicht mehr daran denken, wie wir alle nackt ums Feuer getanzt sind, okay? Ich habe jetzt ein eigenes Leben. Und es ist anders als eures."

„Thorben. So etwas kannst du doch nicht sagen."

„Ich hole das Peyote."

„Papa. Ich will eure Scheiß-Halluzinogene nicht. Mann, die stehen auf der Dopingliste, und ich habe auch gar kein Interesse an einer tiefen spirituellen Erfahrung. Ich will einfach nur leben."

„Ja, Sohn. Das sollst du. Lass ihn gehen, Luna. Der große Geist wird ihn schon wieder auf den richtigen Pfad führen."

„Ihr geht mir auf den großen Geist."

„Thorben ..., mein kleines Windpferd ..."

„Was haben wir nur falsch gemacht?"

17. Spieltag – Haupttribüne

Der Mann, der sich auf die letzte freie Sitzschale zwängte, wirkte nur ein klein wenig deplatziert. Der graue Anzug, sorgfältig gebügelt, die zu einem geraden Scheitel zurechtgebürsteten Haare und der Gehstock, dessen Ende in einem runden Knauf aus Echtsilber endete, dazu das kantige und doch wohlgeformte Gesicht, das durch die zu einem leichten Lächeln hochgezogenen Mundwinkel einen fast unmerklichen arroganten Zug bekam – all dies passte nicht wirklich zu dem Abstiegskrimi, der sich in den kommenden 90 Minuten abspielen sollte. Diese Tatsache nahm jedoch keiner der um ihn Sitzenden wahr, zu sehr war das Publikum auf das fixiert, was sich auf dem Spielfeld zutragen würde. Und das wiederum gefiel dem Mann im Anzug so gut, dass im zunehmenden Grinsen seine perfekt weißen Zähne sichtbar wurden. Er blickte auf die Menschen um ihn herum, studierte ihre angespannten Gesichter, ihre starren Blicke, ihre schon jetzt von Hass auf den noch nicht ins Spiel eingreifenden Schiedsrichter, der ihre Mannschaft ganz sicher in den Abstieg treiben würde, gezeichneten Fratzen, ihre nervös zappelnden Gliedmaßen, ihre mit heiseren Stimmen herausgepressten Parolen. Er blickte auf die Spieler, die sich unten warmmachten. Er konnte ihre Nervosität förmlich riechen, und tatsächlich, wenn man genau hinsah, konnte man die bebenden Nasenflügel des Mannes erkennen. Seine beiden Hände umfassten im Sitzen den kalten Silberknauf des Gehstocks. Mögen die Spiele beginnen, dachte er.

Der Mann war so guter Dinge, weil er wusste, dass er die Wette gewinnen würde. Es war egal, wie das Spiel ausgehen würde. Egal, wer in den Abstiegsstrudel geraten würde und wer nicht. Die Menschen um ihn herum legten Zeugnis genug ab dafür, dass tiefe Emotionen nur in der Sicherheit einer Fußballarena zugelassen wurden. Als der Gegner mit einem Tor in Führung ging, lehnte sich der Mann zurück und sah schon die Nachrichten in der Tageszeitung am Montag vor sich: Traditionsverein taumelt.

Es war faszinierend, wie viel Bedeutung ein dummes Spiel im menschlichen Leben bekommen konnte. Gott hatte dies nicht für möglich gehalten, obwohl er es ihm immer wieder erklärt hatte. Eine Milliarde hungernder Menschen waren nicht so erschütternd wie ein verlorenes Fußballspiel. Hunderte von Kriegsschauplätzen, Klimawandel, die Vermüllung der Meere – alles nicht so wichtig wie die Frage, welche der erbärmlichen Mannschaften absteigen würden. Der Mann im Anzug kicherte leise vor sich hin, was den Herrn mit dem Schnurrbart, der neben ihm saß, zu einem vernichtenden Seitenblick veranlasste. Ein kurzer Blick in die Augen des Schnurrbartträgers genügte jedoch, um dessen Temperament zu zügeln.

Es war ein perfektes System, jedes Jahr stiegen mindestens zwei Mannschaften ab, eine Mannschaft wurde Meister und dennoch, obwohl diese Tatsache unumstößlich und das Drama sozusagen systemimmanent war, regte sich die Nation an jedem verdammten Spieltag auf. Trainer wurden entlassen, Spieler ge- und verkauft, Verschwörungstheorien erhoben, Entscheidungsträger bestochen und wildfremde Menschen würden sich am Ende der Saison entweder vor Freude oder vor Trauer in den Armen liegen – was in den Augen des Mannes im Anzug gleichermaßen abstoßend war.

Die Wette war einfach gewesen: Welche Nachricht würde mehr Aufsehen erregen – welche Mannschaft Deutscher Meister geworden ist oder die neuen Zahlen der Welthungerhilfe? Gott war sich seiner Sache sicher gewesen. Er hatte immer noch auf die Vernunft seiner Geschöpfe gebaut. Sein Fehler. Theoretisch konnten sie vernünftig sein, waren mit den notwendigen körperlichen Attributen ausgerüstet worden, doch sie waren so einfach zu beeinflussen.

„Nehmen wir ein beliebiges Datum", hatte der Teufel mit harmlosem Ausdruck in der Stimme geflötet und dann den letzten Spieltag genannt. Gott hatte genickt. „Und welche Nachrichten dann im deutschen Fernsehen an erster Stelle gesendet werden, entscheidet." Gott nahm die Wette an, arrogant und siegessicher wie er war. Das war vor 158 Jahren gewesen. Er hatte ein wenig darüber nachsinnen müssen, wie er es anstellen könnte, die Wette zu gewinnen. Die Weltkriege hatte er nur angezettelt, um Gott abzulenken. Sein wahrer Masterplan war der kommerzielle Sport – etwas, mit dem sich jeder identifizieren könnte und würde, etwas, das die Massen bewegte, obwohl es völlig unsinnig war. Es war der Fliegen-Glasscheiben-Effekt. Eine Fliege konnte hundertmal gegen eine Glasscheibe fliegen, sie lernte nie, einen anderen Weg zu versuchen. Genauso konnte der Mensch hunderte Male erleben und erfahren, dass eine Überdosis Emotionen kein wahres Glück brachte, doch er würde sie immer wieder suchen, diese Emotionen. Um auf Nummer Sicher zu gehen, hatte er gleich ein paar Sportarten erfunden und in die Köpfe der Menschen verfrachtet. Fußball war eigentlich nicht sein Favorit gewesen, im Grunde war für ihn Völkerball das absolute, das reine Spiel. Aber sei's drum. Hier saßen sie nun, die Massen und glotzten auf den unendlichsten Teil des sich abspielenden Dramas.

Der Schnurrbartträger trieb dem Mann im Anzug einen Ellenbogen in die Seite. „Hören Sie auf zu kichern, verdammt noch mal. Sie sitzen hier wohl im falschen Block!"

„Nein", sagte der Teufel, „nicht ich, Sie sitzen im falschen Block."

Und schon fand sich der Schnurrbärtige in einem Meer aus Feuer wieder, neben kleinen nackten roten Männchen mit langen Schwänzen und einem Hufen anstelle eines Fußes. Auf der Tribüne wunderten sich einige ganz kurz, dass der Mann auf einmal wie vom Erdboden verschluckt war. Aber durch das spannende Spiel abgelenkt redeten sie sich ein, dass der Mann wohl nur ein Bier holen gegangen war.

Der Mann im grauen Anzug grinste vergnügt vor sich hin.

Rückrunde

18. Spieltag – Geschenke

Es regnete in Strömen. Der Schiedsrichter hatte den Platz inspiziert und zur Verwunderung aller das Spiel freigegeben. Er stand triefend nass vorm Sechzehner, als das Spiel angepfiffen wurde. Dass er überhaupt in der Startaufstellung stand, war mehr als erstaunlich angesichts seiner offensichtlichen Patzer, die das Team wertvolle Punkte gekostet hatten. Aber es störte ihn nicht. Er dachte an die nächste Rate für seinen Bausparvertrag. Wenn es ihnen bisher nicht aufgefallen war, dann würden sie auch in diesem Spiel nichts merken. Er konnte es sowieso auf das Wetter schieben.

Er blickte nach oben, in ein Konglomerat aus dunklen Nebelschwaden und grellem Stadionlicht. Das Zusammenspiel von Helligkeit und Dunkelheit schien seltsam unwirklich. Janice hatte Ansprüche. Sie wollte ein neues Auto. Als Weihnachtsgeschenk. Und wenn sie heute mit mehr als drei Toren Unterschied verlören, dann würde er eine Menge Geld verdienen.

Doch je länger das Spiel andauerte, desto klarer wurde Reiter, dass jegliche Manipulation in die ein oder andere Richtung sehr schwer werden würde. Sobald der Ball den Boden berührte, war eine Kontrolle unmöglich. Das Wasser stoppte einfach jeglichen Ballfluss und so war das Spiel nicht nur unansehnlich, sondern schlicht hässlich. Reiter versuchte krampfhaft, den Ball hinten zu verlieren, damit der Gegner zu guten Einschussmöglichkeiten kommen konnte, aber selbst, wenn er ihn verfehlte, kam keiner der gegnerischen Spieler an den Ball, da dieser einfach sofort einer der vielen Wasserpfützen liegenblieb. Reiter war bis auf die Haut nass, er warf sich in jeden möglichen Zweikampf, um den Anschein zu wahren, er hätte alles gegeben.

In der 66. Minute geschah dann das Unsägliche: Karacik spielte den Ball in einer hohen Bogenlampe in den gegnerischen Strafraum und lief durch die erstarrte Viererkette der anderen. Der Torwart, unsicher, ob er drinnen bleiben oder rausgehen sollte, blieb im Fünfer stehen und so konnte Karacik unbedrängt ins Eck schießen. Sie führten. Eine Katastrophe. Janice würde wieder diesen hässlichen Ausdruck im Gesicht bekommen, diese Falte oberhalb der rechten Augenbraue, wenn sie miteinander stritten.

In der 70. Minute schnappte sich Reiter den Ball und spielte ihn schlampig in Richtung des eigenen Torwarts, der sich theatralisch auf ihn warf. Bevor sich Reiter noch über die Schauspieleinlage aufregen konnte, warf der Idiot die Kugel direkt vor die Füße des Stürmers der anderen. 1-1. Reiter hoffte. Besser hätte er es selbst nicht machen können. Doch als er in der 85. Minute immer noch keinen Weg gefunden hatte, die eigene Mannschaft in Bedrängnis zu bringen, fand er sich mit dem Gedanken ab, dass es diese Weihnachten kein neues Auto für Janice geben würde.

Es blitzte und donnerte. Reiter überlegte, ob er sich verletzen sollte, um ausgewechselt zu werden und dem Mann mit dem Koffer erklären zu können, dass er alles getan habe, um die Niederlage sicherzustellen. In der festen Absicht, eine Bänderdehnung vorzutäuschen, lief er auf den Flügelstürmer der anderen zu. Dann passierte es. Der Ball wurde von der Mitte auf Linksaußen gespielt, von dort in einer sinnlosen Flanke aus dem Halbfeld direkt auf das Tor gebracht. Der Torwart brauchte ihn nur mit beiden Händen aufzunehmen. Tatsächlich stieg Poplic auch nach oben und es sah so aus, als wolle er die Kirsche pflücken. Doch statt die Hände auszustrecken, ließ der Torwart den Ball auf seinen Kopf springen. Von dort flog er in einer Bogenlampe direkt in das leere Netz. Reiter schaute ungläubig. Das ganze Stadion schien für einen Moment zu erstarren. Der Torwart hatte den harmlosen Ball ins eigene Tor geköpft. Da wusste Reiter, dass er nicht der einzige war, der den Mann mit dem Koffer traf.

19. Spieltag – Wellen

„Wie fühlt es sich an, nicht zu existieren?"

Benni schaute den Mann, der ihm gegenübersaß, mit aufgerissenen Augen an. Er schwitzte, noch mehr als nach einem Spiel, obwohl erst zehn Minuten vergangen waren. Das hier war ein Fehler. Er wusste nicht, was dieser Mann von ihm wollte. Das Zimmer, das nach alten Möbeln roch und dessen Bücher, die ihn in den Regalen an den Wänden eingekreist hatten, ihn bedrohlich anstierten, war zu eng und der Mann, der ihn mit ruhigem, aber durchdringendem Blick anschaute, war zu nah. Benni wollte irgendetwas antworten, mehr noch, er wollte dem anderen sagen, dass das Ganze nicht seine Idee gewesen sein und dass er ja auch nicht krank sei oder so, dass er ganz gut klar komme und eigentlich gar keine Hilfe brauche. Aber er merkte, wie sich die Frage, die ihm der Psychologe gestellt hatte, unaufhaltsam in die Tiefe seines Gehirns bohrte und wie sich die Unsinnigkeit dieser Frage – er existierte doch – mit den Regionen seines Seins verband, die nicht den Gesetzen der Logik unterworfen waren. Eine schwarze Welle schwappte über ihm zusammen und er tauchte unter, bekam keine Luft mehr und versank in längst vergessenen Erniedrigungen, Wortfetzen, die ihm seine eigene Nichtigkeit vor Augen führten. Eingeengt.

„Möchten Sie etwas sagen, Herr Bernstein?"

Doch Benni brach zusammen, direkt vor den Augen des Mannes, der einfach nur dagesessen und ein paar idiotische Fragen gestellt hatte. Er schloss die Augen, ließ die Tränen laufen und stellte sich dem Gefühl der Belanglosigkeit. Seine innere Leere ergoss sich ins Zimmer, klatschte an die Regale und tauchte die Blätter der Bücher in eine schmierige Brühe. Sie schwappte gegen Wände, wogte bis zur Decke und zog in einem Strudel durch seinen Bauchnabel von dannen. Irgendwann kam er wieder an die Wasseroberfläche und schnappte nach Luft.

Dann hatte er alles rausgelassen, ohne Struktur, scheinbar unsinnig und unzusammenhängend, aber er sprudelte den Hintergrundlärm in seinem Hirn hinaus. Sein Gegenüber schaute ihn mitfühlend an. Die Bücher lachten nicht mehr.

Als er am Samstagabend das Spielfeld verließ, lächelte er schon von Weitem in die Kameras. Er hatte kein Tor geschossen und sein Spiel war nicht besonders gut gewesen, es würde später als „unauffällig" bezeichnet werden. Dennoch schritt er erhobenen Hauptes auf die Männer mit den Mikrofonen zu, die nach seiner gefühlt ewigen Schweigsamkeit ungläubig, ja fast erschrocken, schauten. Er ging direkt auf Weinkrug zu, stellte sich vor ihn hin und fixierte das Mikro. Der Reporter war noch so verdattert, dass ihm nur eine Standardphrase über die Lippen kam: „Ein paar Worte zum Spiel?" Benni nickte und schaute direkt in das rote Licht der Kamera. „Papa", sagte er und nun drehten sich auf einmal sämtliche Betreuer, Mitspieler und Journalisten zu ihm herum. Das ganze Stadion schien den Atem anzuhalten. „Papa, ich hasse dich." Dann lächelte er.

20. Spieltag – Ein Leben

Er rückte sich noch einmal die Sonnenbrille zurecht, lächelte durch die Seitenscheibe den wartenden Reportern zu und machte mit seiner linken Hand das Victory-Zeichen. Dann ließ er den Motor aufheulen und brauste los. Das Grinsen wich die ganze Fahrt nicht von seinem Gesicht.

Kaum hatte er das kleine Gartentor geöffnet, kam sein Bruder ihm auch schon entgegengelaufen. Er drückte ihn und hob ihn hoch. Von drinnen kam ihm ein leckerer Geruch von Spaghetti Arrabiata entgegen. Sie trat in einer Schürze heraus und blickte ihn mit verschränkten Armen gespielt kritisch an. Mario setzte Ralph ab und ging langsam auf sie zu, bis er fünf Zentimeter vor ihr stehen blieb, sodass sich ihre Nasenspitzen fast berührten. Sie küssten sich, bis Ralph an seinem Bruder herumzerrte. „Hört auf damit, hört auf. Mario gehört mir."

Mario drehte sich um und beugte sich zu seinem Bruder herab. „Ja, mein Kleiner. Da hast du recht. Ich gehöre ganz dir." Er hob ihn mit Leichtigkeit auf seine Schultern und legte den Arm um Sylvia. Sie war größer als er, und erst jetzt, als sie sich umgedreht hatte und die Schürze den hinteren Teil ihres Körpers nicht mehr bedeckte, sah er, dass sie knappe Shorts trug.

„Wie lange kochst du noch?", fragte er, während seine Hand an ihrem Rücken herab glitt. Die Hand wurde brüsk abgewehrt, doch sie gab ihm einen liebevollen Kuss.

Er hatte Sylvia bei Matsches Grillfest kennengelernt. Sie war anders als die anderen, die er von VIP-Partys kannte. Ihr Lachen war echt und das Make-Up hielt sich in Grenzen. Eigentlich war ihre Nase zu groß, was er aber auch erst bemerkt hatte, nachdem sie ihn darauf hingewiesen hatte. Da hatten sie aber auch schon den ganzen Abend geredet und waren vom Bier beseelt. „Ich find' sie gut", hatte er schlicht gesagt und es war die Wahrheit gewesen.

Die Treffen mit seiner Mutter waren ein Desaster gewesen, aber das hatte ihn nicht verwundert. Sie fanden schnell eine Wohnung auf der anderen Seite der Stadt, ein schickes Viertel. Mutter bebte, tobte, weinte. Sie sprach von Undank und Ungerechtigkeit, doch Mario blieb standhaft.

Hier lebten sie zu dritt. Ralph ging morgens in die Schule und nachmittags kümmerte sich Sylvia um ihn.

„Wir gehen raus und kicken", rief Mario ihr zu und schob den jüngeren Bruder vor sich her. Sie drehte sich kurz vom Schneidebrett weg und nickte ihm zu.

„Mario Tor gemacht", kreischte sein Bruder auf dem Weg in den Garten. „Oh nein. Ich hab drei gemacht, Ralph. Dein Bruder ist der Boss, verstehst du?" Sie lachten beide. Draußen schob er ein paar einfache Bälle auf das vom Umzug etwas mitgenommene Stangentor. Immer wieder juchzte der kleine Bruder vor Vergnügen. „Gehalten, gehalten, gehalten."

Mario lächelte in sich hinein. So fühlte er sich in der Tat.

21. Spieltag – Heim

Die Hinspielniederlage schien vergessen. Die Spieler sahen gut aus. Sie hatten diesen Blick in den Augen, der absolutes Selbstvertrauen und Siegeswillen ausdrückte. Diesem Blick standzuhalten, das wusste Helmgaard, war für gegnerische Mannschaften nicht leicht. Er lehnte sich zurück und verschränkte die Hände hinter seinem Kopf. Es war alles anders, fast schon besser. Helmgaard kannte dieses Gefühl, wenn alles in eine gute Richtung lief.

Er hatte alles falsch gesehen und falsch verstanden, das war ihm aber erst vor Kurzem klar geworden. Diesen Unsinn mit den verbrannten Jerseys und den eingegrabenen Münzen. Die Ärzte hier im Heim hatten ihm bei dieser Einsicht geholfen. Er hatte die Medikamente zuerst nicht nehmen wollen, aber sie hatten von einem zwanghaften Verhalten gesprochen, das einer psychotischen Neurose (oder war es eine neurotische Psychose?), die wohl mit traumatischen Kindheitserlebnissen zu tun gehabt haben musste, entsprang. Er hatte viel darüber geredet und mittlerweile war er mit sich und seinen Umständen im Reinen. Er hatte sogar Verständnis dafür, dass die Vereinsführung ihn abgesetzt und ihm eine Unterbringung anempfohlen hatte. Es war ja richtig so gewesen. Er war keinem im Verein böse.

Nun konnte er genießen. Außer ihm waren nur noch zwei Leute im Fernsehzimmer. Der alte Herr Klein, der sich immer auf seinen Stock stütze und in die Ferne starrte, und Frau Himmelsbach, eine reizende Dame, die sich ebenfalls für Fußball interessierte und ihm unendlich viele Male von ihrem Jungen erzählt hatte, der einmal auf dem Weg war, ein Profifußballer zu werden, aber leider von einer Lungenentzündung zurückgeworfen worden war. Danach sei er Versicherungskaufmann geworden, ein sehr erfolgreicher.

Helmgaard hatte Frau Himmelsbach eine Klatschzeitschrift mitgebracht, um sie abzulenken und in Ruhe die Live-Übertragung ansehen zu können. Der Schiedsrichter pfiff die Partie an. Seine Jungs spielten in Blau.

Er hatte einen Deal mit den Pflegern getroffen. Trotz der Empfehlung der Ärzte, Fußball momentan vollkommen aus seinem Leben zu streichen, hatte er dafür gesorgt, dass die jeweilige Samstagsschicht „vergaß", im Fernsehraum vorbeizusehen. Kleine Geschenke hatten da Wunder gewirkt. Er konnte immer noch sehr gut von der Abfindung leben, so war es nicht. Und Yvonne war mit ihren Forderungen auch im Rahmen geblieben. Sie waren immer noch verheiratet und er hoffte, dass sich alles wieder einrenken würde. Ecke. Wahnsinn, Kicki hatte sie fast direkt reingedreht, Helmgaard schmunzelte. Ein wunderbarer Tag.

Nach der ersten Halbzeit stand es 1-0 für die Seinen. Alles lief gut. Es war ganz einfach nur eine Frage der Quersumme. Alles andere war Blödsinn. Gott, wie naiv er gewesen war. Er hatte es all die Jahre nicht gesehen, dabei war es immer direkt vor seinen Augen gewesen. Er hatte alle Ergebnisse nachgerechnet. Es war geradezu banal. Die Quersumme der Rückennummern der eigenen Spieler musste höher ausfallen als die der gegnerischen Mannschaft. Bei gleicher Quersumme gab es ein Unentschieden.

- Wenn 1 (Torhüter), 4, 6, 3 (Verteidiger), 7, 10, 8, 9 (Mittelfeld) und 11, 14 und 33 (Sturm) spielten, ergab das eine Quersumme von 106, was wiederum 7 ergab.
- Des Gegners Aufstellung konnte z. B. sein: 1 (Torhüter), 4, 5, 6 (Verteidiger), 7, 8, 9, 10 (Mittelfeld) und 11, 18 und 20 spielten, ergab das eine Quersumme von 99, was wiederum 18 ergab, also dann 9. Hier wäre eine Niederlage unumgänglich.
- Auswechselungen konnten den Spielverlauf auf den Kopf stellen, wenn sich die Quersumme um mehr als eine Zahl veränderte.
- Daher war es bei einer hohen Quersumme immer ratsam, dieselbe Querziffer einzuwechseln, wenn man auf der Gewinnerstraße war – z. B. eine 16 für eine 7.

Helmgaard hatte sich die Aufstellung für heute angesehen und wusste, dass nichts schiefgehen konnte: Quersumme 8 – die des Gegners betrug 4. Er lächelte in sich hinein und nahm sein Handy heraus. Kalle hatte ihm gesagt, dass er keine Nachrichten mehr schicken solle, aber immerhin war er der einzige, der Helmgaards Nachrichten freundlich beantwortete. Wahrscheinlich weil er die Rolle seines Co. immer öffentlich gewürdigt hatte. Sollte er ihm eine Nachricht schicken? Helmgaard überlegte, während fast das 2:0 fiel. Herrlich. Was für ein Tag. Er schickte ein Smiley los; das war unverfänglich.

Das Spiel lief gut – bis zur 71. Minute. Dann geschah etwas Seltsames: Der Gegner glich aus. Helmgaard verstand nicht und rechnete hektisch noch einmal nach. Alle Zahlen stimmten. Er schaltete auf den Videotext, Frau Himmelsbach schaute kurz von ihrer Zeitschrift auf und lächelte ihn an. Dann vertiefte sie sich wieder in ihr Kreuzworträtsel. Helmgaard lief kreideweiß an. Er hatte die Auswechslung nicht mitbekommen. Der neue Trainer hatte den 6er rausgenommen und einen 13er eingewechselt. War der wahnsinnig? Nun würde es auf ein Unentschieden herauslaufen. Helmgaard starrte auf sein Handy. Er überlegte nur kurz, dann schrieb er einen neuen Text: *Kalle, du musst die Quersumme erhöhen. Wechsel so aus, dass du zwei Ziffern höher liegst.* Kalle kannte viele seiner Theorien, er hatte sich niemals groß dazu geäußert, aber ihn wenigstens nie mit diesem seltsamen, verstörten Blick angesehen wie alle anderen. Zur Vorsicht schickte Helmgaard noch einmal drei Ausrufezeichen hinterher.

Dann überschlugen sich die Ereignisse. Der Gegner wechselte einen anderen Stürmer ein. Helmgaard rechnete. Elf weniger, 4 mehr, was zur Hölle gab das? Aber auch der eigene Mann wechselte wieder und das nächste Mal, als Helmgaard auf den Bildschirm schaute, stand es 2:1 für den Gegner. Helmgaard konnte kaum hinschauen. Oh, Gott. Das durfte nicht passieren. Konnte der Neue denn nicht sehen, welche Taktik der andere einschlug? Er hatte nun seine Quersumme auf 9 erhöht.

Er wählte hektisch Kalles Nummer, aber der ging nicht dran. „Herr Klein, haben Sie Ihr Handy dabei?" Der alte Mann starrte weiter aus dem Fenster und zeigte keine Regung. „Herr Klein?" Helmgaard stand direkt vor ihm, doch der Alte war stumm und sah durch ihn hindurch. Drastische Ereignisse erforderten drastische Maßnahmen – Helmgaard griff in die Seitentaschen der Weste des regungslosen Mannes und zog triumphierend ein klobiges Seniorentelefon heraus. Er klappte die Tastatur aus und wählte Kalles Nummer, während er weiter auf den Bildschirm starrte. Die Kamera zeigte die Trainerbank. Da saß Kalle und fummelte genervt an seiner Jacke herum. Man sah, wie er sein Handy herauszog und draufstarrte. „Bitte, bitte". Frau Himmelsbach schaute etwas verwirrt herüber. Die dreiundachtzigste Minute lief. Dann ein Klicken – Kalle hatte abgehoben. „Bitte, Kalle. Du musst etwas tun. Wenn Du jetzt Acki reinnimmst, dann wird es noch gutgehen. Hol ihn rein, glaub mir." Wieder ein Klicken. Helmgaard betete, dass Kalle ihn erhören würde. Aber er konnte es nicht sehen – die Kamera zeigte wieder den Spielverlauf.

Dann passierte das Ungeheuerliche. Der Vierer bekam hinten einen sicheren Ball, den er nachlässig zum Torwart spielen wollte, als der Ball von einer Papierkugel, die auf dem Spielfeld lag, so abgelenkt wurde, dass der Vierer ihn über den Spann rutschen ließ, sodass es eine Ecke für den Gegner gab.

„Nein", hauchte Helmgaard. Wie in Trance beobachtete er die dramatische und unaufhaltsame Entwicklung der Ereignisse. Die Ecke wurde reingetreten, Kopfball des gegnerischen Stürmers, Tor. Helmgaard schlug die Hände über dem Kopf zusammen. Es war so klar, alles so klar.

Später kam die Auswechslung und seine Mannschaft verkürzte noch auf 2:3. Aber es war zu spät. Doch Helmgaard wusste jetzt, was zu tun war. Er würde die Medikamente absetzen. Er musste wieder arbeiten. Nur er kannte das Geheimnis des Fußballs.

22. Spieltag – Blutgrätsche

Der Ball kam hoch in den Strafraum geflogen, so hoch, dass Holtzer glaubte, dass noch der eigene Torwart genug Zeit gehabt hätte, über den Platz zu laufen und ihn herunter zu pflücken. Wie in Zeitlupe senkte sich das Leder in einer seltsamen Flugkurve, doch alle anderen starrten gebannt nach oben, sodass es Holtzer vorkam, er wäre „Neo" in Matrix und könne an den erstarrten Figuren vorbei rennen. Der Torwart der anderen blickte immer noch dem Ball nach, als Holtzer in Position gelaufen war. Er musste noch nicht einmal hochspringen, um ihn zu köpfen. Keiner war bei ihm. Der Ball klatschte an den langen linken Innenpfosten und hatte noch so viel Wucht, dass das Netz sich in einer zärtlichen Bewegung nach hinten wölbte. Holtzers erster Impuls war, die Arme nach oben zu reißen, aber dann besann er sich eines Besseren, oder genauer gesagt, eines Freundes. Er lief zur Eckfahne, machte mit seinen zwei Händen ein Herzchen und zeichnete danach ein großes „S" in die Luft – für Sahaler. Er hatte immer noch ein schlechtes Gewissen, obwohl ihm Salli versichert hatte, dass er das nicht müsse.

Einen Mitspieler loszuwerden, ist nicht so schwierig, wie er immer gedacht hatte. Das größte Hindernis war seine eigene interne moralische Instanz gewesen, die ihn daran gehindert hatte, tätig zu werden. Aber nach den drei Toren in zwanzig Minuten im Hinspiel waren alle Bedenken weggeschwemmt worden. Er war auffallend freundlich gewesen vor dem nächsten Training, hatte Sahaler in die Augen geschaut und nett gelächelt, während er ihn per Handschlag begrüßte. Als sie dann Vier-gegen-Vier gespielt hatten, hatte er sich lange zurückgehalten – es sollte nicht wie Absicht aussehen –, bevor er zur Blutgrätsche angesetzt hatte. Er hatte es knacken hören, ein unschönes, schabendes, kratziges Geräusch, das von einem Moment der Stille gefolgt wurde, bevor dann der Aufschrei kam. Alle hatten gesehen, dass es ein unglücklicher Zufall war, dass beide zum Ball gegangen waren, nur dass eben Sahaler schneller gewesen war, wie sonst auch. Holtzer war lange bei seinem vor Schmerzen weinenden Mitspieler geblieben, hatte sich entschuldigt und beteuert, wie leid es ihm tue, was geschehen sei. Sahaler vermied es, seinen Kontrahenten anzusehen, er schien natürlich gewusst zu haben, wie der Hase lief. Offensichtlich waren ihm die Mitgefühlsäußerungen seines Kollegen zuwider, aber Holtzer legte ihm dennoch immer wieder tröstend die Hand auf das schiefe Bein. Er war sogar versucht, etwas zuzudrücken, um die Schmerzen des momentanen Torschützenkönigs zu erhöhen, doch im Angesicht der offensichtlichen Verzweiflung des Franzosen löste sich sein Konkurrenzdenken in Luft auf. Er musste sich im Laufe der nächsten Woche selbst gut zureden, dass er das Richtige getan hatte und Sahaler nur bekommen hatte, was er verdiente.

Die Zeit darauf war ideal verlaufen. Holtzer war nun der erste Stürmer, die Gerüchteküche war schnell verstummt, als Holtzer anfing, zu treffen wie zu besten Zeiten. Zwei Tore am nächsten Samstag, eins am kommenden, und den Elfmeter, zu dem er am Pokalspiel antrat, versenkte er mühelos in die Mitte. Alle sprachen von einem unglücklichen Zufall, als er das Bein seines Mitspielers gebrochen hatte, sodass er selbst schon anfing daran zu glauben und sich einredete, dass er doch gar nicht wirklich nach dem Schienbein des anderen getreten hatte, dass es doch Zufall gewesen sei, dass er sich die härtesten Stollen angeschraubt hatte, obwohl der Rasen trocken gewesen war, dass er die Beine nicht zurückgezogen hatte, als er das hellbraune Bein mit den schwarzen Haaren fixiert hatte. Die Sieger schreiben die Geschichte, hieß es ja. Nicht umsonst. Selbst die eigene Erinnerung schrieb ihr eigenes Drehbuch.

Im Moment seines größten Triumphs, als er schon dabei war, den Vorfall, ja sogar den anderen überhaupt, zu vergessen, schlug die Nachricht wie eine Bombe ein. Sahaler würde das ganze Jahr nicht wiederkommen. Sie hatten herausbekommen, weshalb der Knochen so schnell und ganz durchgebrochen war: Knochenmetastasen. Sahaler musste sich einer Krebstherapie unterziehen.

Holtzer hatte am nächsten Tag das Training geschwänzt und war ins Krankenhaus gefahren. Er hatte Sahaler den Tod gewünscht, aber dass seine Gedanken die Macht hatten, sich schmerzhaft in die Realität hereinzudrängen, das hatte er nicht gewollt.

In den Linoleumfluren kam ihm ein septischer Geruch entgegen, der ihn befürchten ließ, dass sein mitgebrachter Blumenstrauß schon vor Eintritt ins Krankenzimmer verwelken würde. Doch er täuschte sich. Das ganze Zimmer stand voll mit übergroßen Sträußen, die in lieblosen Krankenhauskaraffen etwas deplatziert wirkten. Zwischen dem Keramikweiß der Vasen thronten halb aufgeklappte bunte Postkarten mit Smileys und anderen Aufmunterungen. Gerade als Holtzer sich fragte, ob er wieder gehen solle, da der Patient zu schlafen schien, drehte dieser seinen Kopf zu ihm. Er schien zu lächeln – konnte das sein? Holtzer näherte sich vorsichtig.

„Holzi, mein Freund."

War das Ironie? Der Ausdruck im Gesicht des Liegenden strahlte keine Boshaftigkeit aus. Er hob die Hand und winkte den Besucher zu sich heran. Dann stand Holtzer am Bett und für einen Moment bewegten sie sich nicht und schauten sich einfach nur an, bis Sahaler seine Hand ausstreckte. Holtzer nahm sie. Der Druck war erstaunlich schwach und es schien, als ob die dunkle Haut des Franzosen irgendwie bleich unter dem Pigmentteppich war.

„Im Schrank müssten noch Vasen sein. Nimm dir irgendeine."

Holtzer stand auf und versorgte die Blumen. Er nahm sich einen Hocker und setzte sich ans Bett. Wie anfangen? Er hatte sich auf dem Hinweg eine Entschuldigung überlegt, immer noch das elende Gesicht des auf dem Platz Schreienden vor seinen Augen, aber der Mann, der vor ihm im Bett lag, wirkte keineswegs geschlagen oder elend.

„Ich ..."

„Du hast mir das Leben gerettet, Holzi."

„Was?"

Sahaler kicherte. „Wenn du mir nicht in die Beine gefahren wärst, hätten sie den Krebs wohl erst viel später gefunden. Wahrscheinlich zu spät. So hat es zumindest der Arzt gesagt."

Holtzer stockte der Atem. Sollte das wirklich wahr sein? Sein Neid und seine Missgunst hatten Sahaler gerettet?

„Guck nicht so komisch. Du siehst aus wie Louis de Funès. Dein Gesicht, haha."

Und dann hatten sie beide gelacht und sich darüber unterhalten, wie absurd ihr Kampf gewesen war. Sahaler hatte zugegeben, dass er mit strategischer Sorgfalt die Ablösung geplant hatte und Holtzer hatte die Konsultation eines Psychologen gestanden. Sie redeten, bis der Arzt Holtzer bat, zu gehen. Danach kam Holtzer jede Woche. Irgendwann brachte er seine Frau mit und irgendwann die Kinder. Sahaler wurde bestrahlt und nach der Reha nach Hause entlassen. Ihre Familien schauten im Garten beim Grillen Champions League.

Holtzer stand an der Eckfahne, immer noch zwei ihn umarmende Spieler an ihn geklammert, und hob sein Trikot hoch. Darunter kam ein T-Shirt zum Vorschein: Amis toujours.

Auf der Auswechselbank saß ein junges Ausnahmetalent aus der eigenen Jugend und klatschte mit zusammengebissenem Kiefer und ausdruckslosen Augen. Es hatte einen Plan.

23. Spieltag – Sondertraining

Ein gemütliches Wohnzimmer. Eine mit einem Baby auf dem Arm sitzt am Tisch. Im Hintergrund läuft klassische Musik. Einer kommt schwungvoll herein, eine Sporttasche über die Schulter geschlagen.

Einer (laut): Schatz, ich bin wieder da.
Eine: Pssst. Das Baby schläft.
Einer: Wir haben gewonnen.
Eine: Ruhe, verdammt.
Das Baby wacht auf und fängt an zu weinen.
Eine: Hervorragend. Jetzt hast du es geschafft. Verdammt noch mal. Weißt du, wie lange es gedauert hat, bis Jayden-Taylor eingeschlafen ist?
Einer setzt seine Sporttasche ab und geht auf den Tisch zu.
Einer: Ruhig, mein Kleiner. Papa ist wieder da.
Er nimmt den schreienden Kleinen auf den Arm.
Einer: Du musst nicht weinen. Papa hat wieder ein Tor gemacht. Wir haben gewonnen.
Eine verdreht die Augen.
Eine: Es geht wohl immer um dich, was? Krieg ich nicht einmal einen Kuss?
Einer: Tschuldige. *(gibt ihr einen Kuss auf die Wange)*
Einer: Schaust du das Spiel gar nicht an?
Eine: Nein. Du wirst es mir ja nachher eh in aller Ausführlichkeit erzählen.
Einer: Was ist denn das für Musik?
Eine: Klassik für Babys. Damit schlafen sie besser ein. Hätte auch fast funktioniert.
Einer: Hättest du den Fernseher angehabt, hättest du meinen besonderen Torjubel gesehen.
Eine: Was für einen Torjubel?
Einer: Ich habe die Arme ineinander verschränkt und so getan, als ob ich ein Baby schaukele. So. *(macht die Bewegung vor)* Wahrscheinlich ist er deswegen eingeschlafen. Kleiner Jayden.
Eine: Ich mach mal ne Pizza in den Ofen.

Einer: Okay.

Eine geht ab. Einer spielt mit dem Baby, das nun nicht mehr schreit. Er nimmt die Fernbedienung und schaltet den Fernseher an. Er schaltet ein paar Mal hin und her, bis er schließlich zur Sportschau kommt, die gerade ein Interview mit einem anderen Spieler von einem anderen Spiel zeigt. Eine kommt zurück in das Wohnzimmer.

Eine: Muss das sein mit dem Fernseher?

Einer: Ja, muss sein. Vielleicht haben sie unser Spiel noch nicht gebracht. Interessiert dich mein Tor überhaupt nicht?

Eine: Es tut mir sehr leid, aber ich habe im Moment andere Dinge, die mich interessieren. Montag ist die U3, hast du dir den Termin gemerkt?

Einer: Montag haben wir Training.

Eine: Ich habe den Friseurtermin. Der war schon lange ausgemacht. Ist dir klar, wie lange man auf einen Termin bei Etienne warten muss? Den werde ich nicht absagen. Du gehst mit Jayden dahin.

Einer: Ich kann nicht. Montag ist Sondertraining. Wir haben am Mittwoch ein Pokalspiel.

Eine: Ist mir sowas von egal. Ich sag den Friseur nicht ab.

Einer: Liebling, du bist wunderschön. Da gibt es nichts zu verbessern.

Das Baby fängt an zu schreien.

Eine: Verdammt noch mal. Ich habe dich vor drei Wochen gefragt, ob das mit dem Termin klappt. Du hast es mir geschworen. Und jetzt das. Irgendwie habe ich gewusst, dass du es wieder versauen würdest.

Einer *(streckt seine Hände nach ihr aus, doch sie wehrt diese ab)*: Komm mal her, Schatz.

Eine: Vergiss es.

Einer: Kann man den Untersuchungstermin nicht verlegen?

Eine: Kannst ja mal anrufen. Die werden sich freuen.

Einer: Verdammt noch mal, hör auf so mit mir zu reden.

Sie nimmt das Kind von seinem Schoß und legt es in einen Stubenwagen.

Einer: Ich komme nach Hause und auf einmal ist meine gute Laune dahin. Super. Alle da draußen jubeln mir zu, nur du keifst und schimpfst. Toll. So macht es richtig Spaß, nach Hause zu kommen.

Eine: So, du willst also nicht mehr nach Hause kommen?

Einer: Das habe ich doch gar nicht gesagt. Aber warum muss ich erst einmal richtig in die Fresse kriegen?

Eine: Weiß nicht. Versuch du doch mal, meinen Job zu machen. Für dich ist es leicht da draußen. Du hast alles und bist der große Star. Aber hier zu Hause heißt es verschissene Windeln auswechseln und ein schreiendes Baby beruhigen. Und wenn man dich mal um eine Kleinigkeit bittet.

Einer: Weißt du eigentlich, wie anstrengend mein Leben gerade ist? Wie viel Stress das ist? Wir hüpfen da nicht nur rum und …

*Eine hat den Fernseher lauter gestellt. Man sieht **einen** im Interview, der gerade sagt:*

Das Spiel macht momentan einfach super viel Spaß. Mit den Jungs ist es eine reine Freude und überhaupt kein Stress. Es läuft einfach gerade.

Einer dreht sich zum Fernseher um und schweigt.

Eine: Stress, was?

Einer: Das war ein Interview. Scheiße, jetzt habe ich den Spielbericht verpasst.

Eine: Wolltest du dein tolles Törchen sehen?

Einer legt den Kopf auf seine Hand. Der Arm ist auf dem Tisch aufgestützt.

Eine: Spaß mit deinen tollen Freunden? Das hier ist das wahre Leben, mein Lieber.

Einer: Ich helf dir ja. Ich bring Jayden nachher ins Bett, okay?

Eine: Was ist Montag?

Einer: Ich ruf' den Trainer an, dass ich krank bin.

Eine steht still da und überlegt.

Einer: Lass es uns heute mal wieder richtig gemütlich machen und kuscheln …

Eine: Vergiss es. Da musst du noch warten. Weißt du, wie lange das dauert, bis das verheilt?

Einer: Ich meinte doch kuscheln.

Eine: Dein Kuscheln kenne ich.

Einer: Was riecht hier so komisch?

Eine: Oh nein. Hat Jayden schon wieder …

Einer: Es riecht verbrannt.
Eine: Die Pizza.
Eine läuft aus dem Wohnzimmer in die Küche.
Einer holt ein rotes Strumpfband aus seinem Jackett und schaut es an.
Einer: Schatz, ich gehe heute noch mit den Jungs weg. Feiern.

24. Spieltag – Der Torschuss

Er lief mit den anderen zum Mittelkreis. Die anderen klopften ihm auf die Schultern. Er konzentrierte sich.

So viele Tore wie er hatte noch nie jemand in einer Saison erzielt. Sein Berater war schier durchgedreht, hatte ihm Angebote vorgelegt von den besten Vereinen. Ihm war es egal. Irgendwohin würde er wechseln, möglichst weit weg von seiner Heimat. Der Berater hatte ihn verstört angesehen, als er von Skandinavien geredet hatte.

Sie nannten ihn nicht mehr die Lunge, sein neuster Name war „der Killer". Die Zeitungen waren voll mit seinen Bildern.

Er nahm einen Ball aus dem Mittelfeld auf und lief. Er lief durch zwei Männer durch und umkurvte einen dritten. Schon wieder stand er vor dem Tor, wie unzählige Male in dieser Saison. Er hatte zwischendurch mit dem Gedanken gespielt, mal auf eine andere Stelle zu zielen, aber sich nie getraut. Jetzt stand er da und die Zeit stand still. Das Stadion schwieg. Fast meinte er, den Wind zu hören, der den Staub vom Boden durcheinander wirbelte. Die Augen des Torwarts waren leer. Dieselbe Stelle. Es klappte immer. Er schoss. Dann passierte das Unmögliche: Der Torwart hielt den Ball. Er hatte ihn aus der Luft geschnappt und hielt ihn nun, als er gekrümmt auf dem Boden lag, in seiner Bauchhöhle fest, wie ein kleines Kind.

Nein, dachte Manal. Nein. Irgendetwas in ihm machte „Klick". Er sank zu Boden auf die Knie und begrub die Hände vor dem Gesicht. Dann fing er an, zu weinen. Erst waren es kleine Schluchzer, doch als seine Mannschaftskollegen kamen und ihm aufmunternd auf die Schultern klopften, brach er zusammen. Das Stadion war stumm. Zuerst hatten einige gegnerische Fans gelacht, doch als Manal auf dem Boden lag und hemmungslos weinte, nicht mehr. Einer seiner Kollegen drehte sich zur Trainerbank, hob die Hände und machte das Zeichen für Auswechslung. Manal merkte, wie seine Kollegen ihn sanft, aber bestimmt zum Spielfeldrand zogen, über die weiße Linie. Er bekam von all dem nichts mit. Sah nur den gekrümmten Torwart vor dem Tor liegen. Das kleine Kind. Begraben zwischen seinen Eltern.

25. Spieltag – Fangemeinde

Er hob die Hände zusammen mit den anderen, doch anstelle auf den Torschützen blickte er in die Reihen der Zuschauer. Die anderen lagen in einer Jubeltraube vereint und er klopfte auf ihre schweißigen Schultern, während er die Ränge scannte. Rebecca hatte Großes angekündigt. Und davor hatte Kupowski Angst.

Er hatte den Fehler gemacht, Nathalie nach Hause zu fahren, damals, als sie ihn als ihren Vater identifiziert hatte. Sie waren in eine gute Gegend gefahren, das Akademikerviertel der Stadt und Nathalie hatte schon aus dem Auto gewunken, als er einen dunklen Schatten im Fenster des Erdgeschosses hatte stehen sehen. Er hatte sie erst beim genauen Hingucken erkannt, kannte auch ihren Namen nicht mehr. Es war ja auch schon ein paar Jahre her gewesen, am Anfang seiner Karriere. Die Spieler waren damals immer in die Diskos abgerauscht und hatten ihren Spaß gehabt. Es war eine andere Zeit gewesen. Er mochte Pariser einfach nicht.

Rebecca war älter geworden, hatte die verbitterte Mutterfalte am Mundwinkel und das Stirnrunzeln war ihm damals auch nicht aufgefallen. Sie tranken Tee in der Küche und Rebecca erzählte ihm, dass sie alleinerziehend war, Lehrerin für Mathe und Sport und ganz gut zurechtkam.

„Und du hast ihr erzählt, ich sei ihr Vater?"

„Schau sie dir doch an, Udo."

Udo schaute sie an. Und er musste Rebecca Recht geben. Hinter der verstörenden Hässlichkeit ihrer dicken Brille lagen seine Augen, seine Nase zierte ihr Gesicht und überhaupt hatte sie leider die väterlichen Züge geerbt, was bei Mädchen nicht immer vorteilhaft ist. Bei Nathalie war es das zumindest überhaupt nicht.

„Was willst du?", hatte er unvermittelt gefragt und dann hatte Rebecca ihm eine Summe genannt und Kupowski hatte genickt. Erst später, bei seinem Anwalt, waren ihm Zweifel gekommen. Der Anwalt hatte gemeint, sie müsse die Vaterschaft erst einmal nachweisen. Und das hätte sie schon damals machen müssen und heute sei es zu spät. Und dann hatten sie sich nur noch per Einschreiben auseinandergesetzt.

Den ganzen Winter hatte er nichts mehr gehört. Und er hatte die ganze Sache fast vergessen. Nur dass er noch ab und zu den Blick nach oben schweifen ließ und in einer unvermeidlichen Instinkthandlung nach dem Mädchen suchte. Bis letzten Mittwoch. Als er gerade zum Training gehen wollte, hatte Rebecca vor seiner Tür gestanden, mit kalter Miene.

„Du weißt doch, was der Anwalt gesagt hat. Also." Er wollte sich an ihr vorbeidrängen, doch sie schubste ihn beim Vorbeigehen. Dann drehte sie sich zu ihm um und wurde laut: „Du schuldest mir noch etwas, Udo. Du hattest deinen Spaß und ich habe jahrelang dieses Kind ohne Vater aufgezogen. Du kannst dich nicht einfach so aus der Verantwortung stehlen."

„Lass mich in Ruhe", hatte er leise gesagt, innerlich zitternd. „Sonst hol' ich die Polizei."

Sie war gegangen. Aber im Gehen hatte sie noch diesen einen Satz gerufen, der ihn beunruhigte: „Es gibt noch andere Methoden, dich zum Zahlen zu bewegen, Udo. Du wirst es noch bereuen."

Seitdem hatte er sich Gedanken gemacht. Wollte sie ihm einen Schlägertrupp auf den Hals schicken? Oder wollte sie das arme Kind wieder als Drohung in seine Nähe verfrachten? Oder die Presse? Das war es, was Udo fürchtete. Wobei er wusste, dass es hunderte Fußballer geben musste, die im Lande ihren Nachwuchs verstreut hatten.

Kupowski wurde in der 70. Minute ausgewechselt. Er hatte unkonzentriert gespielt und er wusste, dass er nächste Woche nur auf der Bank sitzen würde. Aber es war ihm egal. Vielleicht würde er sich sowieso nach einem anderen Verein umsehen. Eine neue Stadt würde ihm ganz gut tun. Hier in dieser Großstadt gefiel es ihm jedenfalls schon einmal ganz gut. Alles war ein wenig anonymer.

Bevor er sein Handtuch auf die Reservebank warf, blickte er über das Dach der Sitzbank. Sie saß in der zweiten Reihe. Das Mädchen mit der dicken Brille sprang auf, als es merkte, dass er es gesehen hatte. Es streckte die Arme nach oben und schrie laut: „Papa". Die Zuschauer, die in der Nähe saßen, lachten. Gleichzeitig hielt es ein Schild in die Höhe, auf dem sein Name und das unsägliche „Papa" stand. Er blickte zur Seite und sah, wie die Kamera, die an der Seitenlinie aufgebaut war, ihr langes Objektiv auf ihn ausgerichtet hatte. Er vergrub seine Hände im Handtuch. Vielleicht würde er Rebecca doch das verlangte Geld geben, dachte er. Erst dann sah er wieder auf. Das Spiel war immer noch unterbrochen. Einer der Gegenspieler hatte sich verletzt. Am anderen Ende des Spielfeldes sah er ein weißes Transparent, das ausgerollt worden war. Selbst aus der Entfernung konnte er den Schriftzug lesen. „Kupowski = Papa". Gehalten wurde das Transparent von einer erwachsenen Person und einem Kind. Für einen Moment glaubte er an einen blöden Scherz. Dann blickte er auf die riesige LED-Anzeige auf der Südseite. Das Transparent war dort in Groß abgebildet und die Buchstaben kreischten ihn in anklagendem Rot an. Er erkannte sogar die Frau, die das Tuch auf der einen Seite festhielt. Sie hatte ein schönes Gesicht, war ihm damals direkt aufgefallen.

Die Zuschauer begannen unruhig zu werden. Ein Raunen wogte durchs Stadion, das langsam in ein kollektives Kichern überging. Die Anzeigetafel wanderte weiter durch die Massen und als Kupowski seinen Blick nochmals durchs Stadion schweifen ließ, sah er in einigen Reihen dieselben Anklageschriften aufblitzen. Auf der Anzeigetafel teilte sich das Bild in vier Teile. Dann wurden es acht. Jetzt schauten selbst die Spieler auf dem Feld nach oben und deuteten mit dem Zeigefinger auf die angezeigte Bloßstellung. Sein Trainer kam mit hochrotem Gesicht auf Kupowski zu und bedeutete ihm mit einer Handgeste, in die Kabine zu verschwinden.

Als er in den dunklen Kabinentrakt trat, fragte er einen der Ordner, ob es einen Hinterausgang gäbe, doch der Mann kicherte nur und sagte: „Papa."

26. Spieltag – Eiffelturm

Paris is geil. Hier geht echt was. Ich meine, die ganze Stadt und so. Mit dem Eiffelturm. Wahnsinn. Hier kannste stundenlang durch die Straßen fahren. Ist natürlich schweinevoll. Was hier los ist. Überall voll. Champs Elysee und so. Louvre. Ich mein, die ganze Stadt. Ich bin neulich mal rumgefahren. Da geht was. Okay, die ham mich da noch nich reingelassen in die ganzen coolen Schuppen. Kennen mich halt noch nich. Aber dann hab' ich mal den Ding, den Joel gefragt. Der hat mich erst nicht verstanden. Hat mich angeguckt und mit den Schultern gezuckt. Hat zu den anderen geguckt, gelacht und irgendwas mit „Bosch" gesagt. Hab' ich nich' verstanden. Aber dann ham sie mich doch mitgenommen. Stand draußen vorm Club, sind mit ner Limmo vorgefahren, richtig erste Sahne. Ich starr' noch hoch auf die riesige rote Mühle, die sich gegen den Nachthimmel abzeichnet, und find's richtig geil. Da sind die anderen schon rein und dann hat mich der Türsteher echt nich' mehr reingelassen. Da stand ich da. Ich hab' die anderen beim nächsten Training angesprochen, die haben da mit den Schultern gezuckt und was von „desoläh" geredet. Aber die sind schon in Ordnung.

Und das Stadion. Mann, die Stimmung, echt. Also, naja, is schon groß und die Zuschauer sind auch weit weg. Aber ist schon trotzdem echt cool. Allein das Trainingsgelände, wow. Die haben auch so nen Massagebereich und mit Dampfbad und so. Die kennen sich schon aus, die Franzosen.

Hab' auch schon mal von Anfang an gespielt. Das war richtig gut. War n paar Male frei, aber die ham mich wohl nich' gesehen. Naja, für die Champions League bin ich ja eh' noch nich' gemeldet. Is also nich so schlimm. Nee, nee, das wird schon. Und wenn nich', dann hör ich mich mal um. Madrid oder Mailand oder Manchester. Lustig, fangen alle mit Ma an.

Ich kenn noch keinen so richtig hier, aber da wo ich wohne, ist's richtig schick. Da holt mich immer so'n Schlitten ab und fährt mich zum Training. Der Typ hinterm Steuer nickt mir freundlich zu und wenn ich ihm dann was erzähle, lächelt er mich freundlich an und zuckt mit den Schultern. Prima Kerl.

Der Eiffelturm bekommt jetzt eine Mauer drumrum aus Glas. Ist halt ne Weltstadt. Paris is geil.

27. Spieltag – Der Mongole

Marvin stand, die Hände in die Hüften gestemmt, am Mittelkreis und schaute in die Leere. Hätte er ein Bewusstsein gehabt, dann hätte er die ehrfurchtsvollen Blicke der Spieler der anderen Mannschaft wahrgenommen, verdunkelt von Verachtung und sogar Hass. Aber er blickte ins Nichts und wartete auf den Anpfiff.

Einen Teil seines Festplattenspeichers hatte Marvin, ohne dass Emwe es gemerkt hatte, abgekoppelt, als dieser ihm die etwas zurückhaltende Programmierung für das heutige Spiel implantiert hatte. Wie Emwe an ihm rumgeschraubt hatte, hatte Marvin ihn gefragt, warum er ihn auf defensiver einstellte und erst da war ihm aufgefallen, dass ihn, den Androiden, der Gedanken an eine Niederlage störte. „Was soll die Frage?", hatte Emwe vor sich hin gemurmelt, „Glück und Trauer sind nicht Teil deiner platinenhaften Erfahrungswelt." Und dann hatte Marvin geschwiegen, wie ein Kind, das Schokolade gestohlen hatte. „Aber wenn du es unbedingt wissen musst", hatte Emwe dann doch erklärt, „ich spekuliere auf einen knappen Sieg. Im Zweifelsfall werde ich dir über die Funkstation Instruktionen zukommen lassen, aber der Gegner hat die ganze bisherige Saison im Tabellenkeller gedümpelt. Die haben sich auch nur einen einzigen neuen Spieler geholt – irgendeinen unbekannten Mongolen."

Nach einer Viertelstunde, in der Marvin so mancher Ball versprungen war und er, um den Schein zu wahren, ab und zu ärgerlich den Kopf geschüttelt hatte, war das Spiel noch ausgeglichen. Marvin hätte sicher schon das ein oder andere Tor erzielen können. Er hätte so manchen Ball nicht verlieren müssen – allerdings galt das nicht für die Zweikämpfe mit dem Neuen, diesem Mongolen, der Nummer Zwölf. Dessen wuchtiger Körper konnte seltsamerweise sehr schnelle Bewegungen generieren, sodass er sich schon das ein oder andere Mal in den Strafraum vorgearbeitet hatte, wo er dann den Ball an einen Mitspieler gepasst hatte, der diesen dann allerdings auf stümperhafte Weise vertändelt hatte. Selbst Marvin war nicht an ihm vorbeigekommen. Zum ersten Mal sah der Zuschauer auf der Tribüne und in der Vergrößerung des Fernsehbildes ein Zucken der rechten Augenbraue Marvins, des Unfehlbaren. Marvin war verstört.

Er war der Beste. Er wollte gewinnen. Gewinnen. Ein Unbehagen, das er noch nicht zuordnen konnte, regte sich in den Wirrungen seiner Kupferdrähte, was freilich nur den Bruchteil einer Sekunde andauerte. Mit seinen optischen Sensoren scannte er das Spielfeld.

Anscheinend genau rechtzeitig, denn nun sah er einen weiteren Sturmlauf des Mannes mit der Rückennummer Zwölf. Während Marvin verdutzt am Mittelkreis stehenblieb, rannte der Zwölfer über den linken Flügel und ließ drei Spieler alleine schon dadurch hinter sich, dass er sich einfach den Ball vorlegte, um dann mit einer unglaublichen Geschwindigkeit hinterherzulaufen. War der eigentlich Links- oder Rechtsfüßler? Jedenfalls legte er den Ball mit links nach innen, umkurvte zwei Abwehrspieler und machte diesmal nicht den Fehler, dass er den Ball abgab. Er zimmerte ziemlich genau vom Elfmeterpunkt aufs Tor und traf in den linken Torwinkel. Dann drehte er ab und trabte emotionslos zum Mittelkreis.

Marvin blinzelte zweimal. Alle Kamerabilder, die Emwe in seinem Studio zur Verfügung hatte, spielten sich simultan in seinem Kupferdrahthirn ab. Seine Augenbrauen verzogen sich – eine neue Reaktion auf das, was sich in ihm als binärer Code als 0 statt 1 ausdrückte. Seine Programmierung war, trotz abweichender Feinjustierung, immer noch auf Sieg ausgelegt. Und in ihm regte sich so etwas wie ein Bestreben, der Überlastung des Systems mit Fehlmeldungen entgegenzuwirken. Im Gegensatz zu Emwe hatte er den Fehler in der Spielanalyse schon erfasst und zugeordnet. Der Zwölfer war der unberechenbare Faktor, der seine Drähte heißer glühen ließ. Er hatte gesehen, wie schnell er lief, wie sicher er dribbelte und wie perfekt er abschloss. In Marvins Kalkulation mischte sich ein neuer Faktor: Rache.

Beim Anstoß forderte er vom Fünfer gleich den Ball. Er lief auf den Zwölfer zu und setzte, die anderslautenden Befehle aus der Schaltzentrale missachtend, zu einem vierfachen Übersteiger an. Zwei dieser Übersteiger waren dabei für das bloße menschliche Auge sichtbar, die anderen zwei folgten einem Parameter, der außerhalb der Vorgaben Emwes lag. Marvin lächelte, allerdings nur kurz, genauer, bis zum dritten Übersteiger. Als er den Ball mit dem rechten Fuß treffen wollte, lag der nicht mehr vor ihm.

Er war weg, genau wie der Mongole. Marvin drehte sich um, und sah ihn in Richtung Tor laufen. Sieben Sekunden später stand es 2:0.

Während die eigene Mannschaft sich zum Anstoß am Mittelkreis versammelte, tat Marvin etwas, das er in seiner kurzen Lebensdauer noch nie getan hatte: Er schaltete die Übertragung zu seinem geliebten Vater aus. Denn alles, was dem Gewinn entgegenstand, musste ausgeräumt werden – als eine logische Konsequenz und nicht als eine menschliche, emotionale Reaktion. Emwe machte sich, das hatte Marvin schon mitbekommen, Überlegungen, die ins Irrationale reichten. So fehlerhaft war er, Marvin, nicht.

Sein Mitspieler spielte ihm den Ball zu und Marvin spitzelte diesen über den nächsten Gegner hinweg und rannte los. Es schien zuerst, als wolle er mit seiner absurd hohen Bogenlampe die gegnerische Abwehr überlaufen, doch hatte er das Leder in einer ballistischen Meisterleistung direkt vor die Füße des Mongolen gespielt, der dieses kalt lächelnd anblickte. Schon im nächsten Moment holte er aus, um es mit seinem rechten Fuß nach vorne zu spielen, als Marvin samt Kugel unerwartet an ihm vorbeigegangen waren. Der Mongole streckte sein Bein aus, doch Marvin war zu schnell. Er rannte mit unmenschlicher Geschwindigkeit, den Ball eng am Fuß führend, direkt auf das gegnerische Tor zu. Er holte mit Rechts aus und schoss. Zumindest wollte er schießen. Doch er trat in die Luft. Neben ihm stand der 12er und starrte ihn mit toten Augen an, den Ball spitzelte er dabei lächelnd auf seinem linken Fuß, ließ ihn auf seine rechte Schulter fallen und von dort auf die linke. Daraufhin flog der Ball mit einem lässigen Schulterzucken auf die Stirn des Mongolen, wo dieser ihn drei, vier Male tanzen ließ.

Marvin überlegte nicht. Seine Programmierung war in ihrer Limitierung fehlerhaft – doch er hatte gelernt und übernommen. Er holte aus und ließ seine Faust krachend auf die Nase des Gegenübers schießen. Dessen Gesicht bog sich leicht nach hinten, doch er blinzelte nicht einmal. Als Marvin die Faust zurückzog, sah er, dass die Nase immer noch heil war, bis auf die Tatsache, dass unter der obersten Schicht, die an zwei Stellen eingerissen war, ein metallisches Blitzen zu sehen war. Noch während Marvin versuchte, diese ungewöhnliche Information in sein System einzuordnen, landete der Mongole eine krachende Rechte auf seiner Backe. Auch Marvin drehte sich kurz zur Seite, um den Kopf dann wieder geradeaus auf seinen Gegner auszurichten. Nun endlich war beiden klar, wer der andere wirklich war.

Marvin trat mit seinem rechten Metallbein in den Unterleib des Mongolen, welcher prompt seinen Kopf in den Marvins Magen rammte. Marvin nahm den Mongolen daraufhin in den Schwitzkasten und schlug unaufhörlich auf dessen Gesicht ein. Dieser wiederum schleuderte seinen Gegner zu Boden und trat mehrmals in den Rücken. Marvin stand auf, schlug mit seiner Faust auf den Kopf des anderen, nahm daraufhin den mittlerweile kaum mehr von Plastikhaut bedeckten Metallschädel und zog ihn auf sein hochkickendes Knie. Der Mongole umschlang Marvins Körper mit beiden Armen und drückte zu. Mitspieler und Schiedsrichter, die sich in einem Kreis um die Kontrahenten versammelt hatten, wagten nicht, in das Gemetzel einzugreifen, sahen sie doch, wie die täuschende Schicht aus Trikot und Haut langsam von beiden abfiel und ihre technische Unfehlbarkeit zutage kommen ließ. Am Ende sahen sie nur noch zwei Metallkörper sich gegenüber stehen, die kaum zu unterscheiden waren.

In einem kleinen Moment der Pause, als beide sich voll kalter Verachtung anblickten, hob der Schiedsrichter die Hand und pfiff das Spiel ab. Wie auf Kommando drehten sich beide zum Mann in Schwarz, schüttelten dem Erstarrten die Hand und gingen in den Kabinentrakt. Marvins Schritte klickten metallisch auf dem Boden der leeren Umkleidekabine, als er den Duschhahn auf die höchste Stufe stellte.

28. Spieltag – Schule

Sandic blies kalter Wind entgegen, als er die Autotür öffnete. Es war gar nicht so leicht gewesen, einen Parkplatz zu finden. Das Gebäude lag an der Hauptverkehrsstraße und im Wohngebiet dahinter gab es hohe Häuser und enge Straßen. Er hätte heute direkt ins Sportstudio fahren können, aber das hier war ihm wichtiger. Er fand das Konzept gut und er hatte das Gefühl, etwas in ihm könnte heilen.

Die Frau, die ihm aufmachte, lächelte ihn an. Er lächelte zurück, mit dem Gedanken, dass er auch gebüffelt hätte, wenn diese attraktive, junge Brünette seine Lehrerin gewesen wäre. „Komm' rein, wir sind schon alle drin." Er wunderte sich kurz, aber es war nur ein flüchtiger Moment, dann hatte er das „Du" geschluckt. Drinnen roch es nach Rauch und Dreck. Der Holzboden war ein wenig speckig, aber die Gesichter derer, die auf den Sofas saßen, waren vor Aufregung gerötet. Er ertappte sich dabei, dass er sich fragte, wo die ganzen älteren Leute waren. Aber die Lehrer hier waren anders. Die jungen Menschen auf den Sofas erhoben sich und schüttelten ihm die Hand. In der Ecke stand ein Typ mit Kamera, der etwas schüchtern vor sich hin lächelte.

Der Raum war klein, es gab noch einen zweiten – noch kleineren – nebenan. Hier war ein Tisch aufgebaut und ein paar Bücher standen in einem ansonsten leeren Regal.

„Wir sind erst in der Aufbauphase", klärte ihn Kathy auf, die das Projekt leitete. Sie gingen rüber und setzten sich an den Tisch und dann stellten sich die Schüler, die gekommen waren, vor. Einige waren älter als er, hatten ihr Leben in Heimen und auf der Straße verbracht. Alle waren sie von der Gesellschaft verschluckt und wieder ausgekotzt worden und hatten keine Chance, in der Welt, in der sie lebten, Anerkennung oder ein Auskommen zu finden.

Ante hörte einfach nur zu, vergaß recht schnell die Niederlage, die sie heute auf dem Platz erlitten hatten. Ein blonder Kerl mit leerem Blick erklärte, wie er im Knast gelandet war, nachdem seine Eltern bei einem Autounfall ums Leben gekommen war, sich die Verwandten nicht um ihn kümmern wollten und er von einem Heim in das nächste wanderte, weil niemand die Geduld aufbrachte, ihn trauern zu lassen. Eine bleiche, kleine Nervöse, die andauernd ihre Finger auf dem Tisch tanzen ließ, berichtete von ihrem Ausbruch aus ihrem geregelten Leben hinaus auf die Straße, nur dass sie es leider nie richtig zurückgeschafft hatte und das Verhältnis zu ihren Eltern nie verheilt war, so dass sie nun immer noch ohne Obdach war. Ein junger dunkelhäutiger Typ mit hellen Augen erzählte von seiner Flucht aus Afghanistan und die Frage nach dem Überleben am nächsten Tag, mit der er immer aufgewacht war. Ein anderer mit langem Bart und perfektem Seitenscheitel berichtete, wie er sein ganzes Leben als Lüge verbracht hatte. Mal hatte er als Assistenzarzt, mal als Businessman gearbeitet und sich so sogar einen Doktortitel erlogen. Eine Zeit lang hatte er auch einfach von Einbrüchen gelebt. Nun wollte er aber etwas Reales lernen. Die Geschichten der anderen waren ähnlich: Alle hatten irgendwo in ihrem Leben eine Abzweigung verpasst, die sie in der Normalität eines geregelten Daseins geführt hätte.

Als sie fertig waren, war Sandic klar, dass er das Bild von sich als Junge, der es schwergehabt hat, zurechtrücken musste. Der Fotograf machte ein Bild und dann sagte Kathy: „Ante, willst du dich auch mal vorstellen? Ich meine, immerhin verdanken wir dir ja diese Einrichtung."

Sandic schaute fast verschämt auf.

„Ja, okay. Also, die meisten kennen mich ja schon. Ich wollte eigentlich nur sagen, dass ich das prima finde, was ihr hier macht. Hatte eigentlich eine tolle Rede vorbereitet, dass man alles schaffen kann, wenn man will. Aber das ist wohl Quatsch, wenn ich mir anhöre, was ihr hier so erzählt habt. Ich weiß nicht, für mich war Schule immer scheiße. Aber irgendwie ist es nicht schlecht, wenn man mehr Chancen im Leben hat. Deswegen habe ich auch an diese Straßenschule hier gedacht. Und eigentlich will ich, dass das hier erst ein Anfang ist. Fänd' ich auf jeden Fall gut. Naja, ich werde die Sache auf jeden Fall weiter unterstützen."

Die im Neonlicht bleich wirkenden Gesichter der Schüler strahlten ihn an. Scheiße, dachte er, denn er fühlte, wie die Realität derer, die ihm gegenüber saßen, ihm die Füße unter dem Boden wegzogen.

„Fußball ist heutzutage wahnsinnig wichtig, wisst ihr?", fuhr er fort, „Aber was ihr erzählt, das ist eigentlich viel wichtiger. Das ist echt."

„Ja, Mann, das ist verdammt echt", sagte einer der Schüler, dessen komplizierten Namen er vergessen hatte.

Als er schon in der Tür stand und sich verabschieden wollte, hob der mit dem Vollbart ganz hinten die Hand wie ein Schüler, der sich meldete.

„Ja?", fragte Sandic lächelnd. Der Bärtige druckste herum. „Also, ... wir haben uns gefragt ..."

„Ja?"

Die kleine Nervöse ging einen Schritt vor und sagte mit lauter Stimme. „Naja, wir haben uns gefragt, ob du uns ein paar Tricks zeigen kannst."

Sandic verstand erst nicht. Wollten sie, dass er ihnen bei Spickzetteln helfen sollte? Er dachte schon an die Innenseite des Labels von Colaflaschen, als ihm dämmerte, was sie meinten.

„Auf dem Platz?" Die Schüler nickten.

Sie trafen sich am nächsten Tag auf dem Bolzplatz am Waldrand. Zunächst zeigte Sandic den anderen, wie lange er den Ball in der Luft halten konnte, aber an ihren erwartungsvollen Blicken erkannte er, dass es hier um etwas anderes ging. Sie bildeten Mannschaften und kickten. Zwei Stunden lang. Sie spielten Zwei gegen Acht (er und einer von den anderen gegen den Rest) und es war ein enges Spiel. Die anderen rannten, schimpften und lachten. Ihre Gesichter waren nicht mehr so bleich wie noch unter dem Neonlicht in der Straßenschule. Sandic wusste, dass er für das verpasste Training den nächsten Spieltag aussetzen würde, aber irgendwie war es ihm egal. Er hatte Spaß. Als er sich die Sporttasche schulterte und Kathi ihm zum Abschied einen Kuss auf die Backe gab, von dem er sich fragte, um welche Art von Kuss es sich wohl gehandelt haben mochte, erinnerte er sich daran, warum er angefangen hatte, das Spiel zu lieben.

29. Spieltag – Ablösesumme

Ich solle mir keine Sorgen machen, hatte Vadzlav gemeint. Es würde sich schon alles regeln. Er würde alles regeln. Wie das gehen sollte, war mir allerdings nicht wirklich klar. Mit den *Dirty Heroes* war nicht zu spaßen. Und bisher war gar nichts passiert. Kalle wollte sich ganz normal mit mir treffen, wie jeden Freitagmorgen, und ich hatte das Gespräch mit dem glatzköpfigen Schrank mit dem slawischen Akzent schon fast vergessen. Es war auch eine beschränkte Aktion von mir gewesen, aber ich hatte nach dem einen Gespräch mit Kalle einfach Angst bekommen. Wenn man sich im Kreise der Spieler umhört, dann wird einem erst einmal klar, mit welchen dubiosen Gestalten die sich teilweise umgeben. Die kennen irgendwelche Türsteher, die wieder ganz andere Leute kennen, denen man nicht im Dunkeln begegnen möchte. So hatte ich Vadzlav in einer dunklen Kellertreppe in der Innenstadt kennengelernt und er hatte mir versichert, dass mein Problem praktisch schon gelöst sei.

Ein schwaches Dämmerlicht zeichnete an unseren Treffpunkt die Konturen der Bäume als Schattenbilder ab. Es raschelte im Dickicht und ich zwang mich, mich nicht umzublicken. Es waren Kalles schwere Schritte, die mit beständiger Bedrohlichkeit näher kamen. Mein Gesäß wurde nach oben gedrückt, als er sich setzte. Vadzlav hatte gesagt, was ich dem Boss der *Heroes* sagen sollte, aber mir stockte der Atem. Kalle drückte mir den Zettel mit der Mannschaftsaufstellung in die Hand und wollte sich wieder erheben, da streckte ich meine Hand aus, um ihn am Ärmel zu zupfen. Da er aber im T-Shirt gekommen war, kratze ich ihm über den Unterarm, sodass er sich abrupt zu mir umdrehte und mich seine Augen wie zwei Fackeln anstarrten.

Ich konnte es nicht sagen. Es war absurd. Er würde mich umbringen. Und von Vadzlav hatte ich seit unserer Unterredung vor zwei Wochen nichts mehr gesehen. Also blickte ich mit ängstlichem Blick zu Kalle hoch und wollte mich gerade entschuldigen, als ich den von mir hundert Male im Kopf rezitierten Satz hörte: „Wir brauchen deine Dienste nicht mehr."

Oh Gott, ich habe es gesagt, war mein erster Gedanke. Doch schon im nächsten Augenblick war mir klar, dass das nicht meine Stimme gewesen war, die gesprochen hatte. Die Stimme hatte einen slawischen Akzent gehabt. Kalle starrte auf die Lichtung, von der ein Mann langsam auf uns zu kam. Seine Augen verengten sich zu Schlitzen.

„Was hast du gesagt?"

„Du und deine Leute – ihr werdet nicht mehr gebraucht."

Für einen Moment meinte ich einen Funken Angst in Kalles Augen zu sehen, doch dann lachte er schallend los. „Und wer bist du, dass du so einen Blödsinn erzählst?"

„Ich regele das jetzt mit dem Verein." Kalle schaute kurz zu mir hinab. Ich meinte fast, etwas wie Enttäuschung in seinem Blick zu erkennen. Dann baute er sich zu seiner vollen Größe auf und stülpte sich einen Schlagring über die Finger seiner rechten Hand. Ich schob mich langsam an das Ende der Holzbank.

„Lass das", sagte Vadzlav und winkte abwehrend mit den Fingern. „Das ist Kinderkram. Du bist draußen. Akzeptiere es oder trage die Konsequenzen."

Kalle lächelte. Er führte zwei Finger seiner linken Hand zu seinem Mund und pfiff. Kurz darauf raschelte es aus mehreren Richtungen im Gebüsch. Vadzlav drehte sich herum und sah vier Gestalten aus dem Dickicht auftauchen. Er nickte beeindruckt.

„Das ist also deine Gang?"

„Ein Teil meiner Gang."

„Vielleicht solltest du die anderen auch noch rufen. Sonst wird es hier schlecht für dich ausgehen."

„Genug geredet." Kalle machte zwei schnelle Schritte auf Vadzlav zu und setzte zu einem Haken an. Doch Vadzlav duckte sich mit ungeahnter Schnelligkeit ab und versetzte seinem Gegner einen Tritt mit dem Knie in den Magen. Ich hatte immer großen Respekt vor Kalle gehabt, da er mit seinem massigen Bauch wie ein Riese aussah. Vadzlav aber war größer und athletischer gebaut. Als Kalle sich vor ihm niederkrümmte, wirkte Vadzlav wie ein Raubtier, das seine Beute gerissen hat. Er schaute auf seinen stöhnenden Gegner herab. Instinktiv wollte ich ihn warnen, da sich Kalles Gefährten aus ihrer Schockstarre lösten – es war wohl noch nicht so oft vorgekommen, dass ihr Boss in einem Kampf unterlegen war – und auf

Vadzlav zuliefen, doch dann hörte ich vier kalte Schüsse durch den Wald peitschen. Ich wusste nicht, wie laut so ein Pistolenschuss war, wenn man unmittelbar in der Nähe saß. Ich war so erschrocken, dass ich mit meinen Händen die eigene Brust abtastete. Doch als ich mich umblickte, sah ich niemanden mehr auf Vadzlav zulaufen. Dieser aber stand aufrecht vor dem knienden Boss der *Dirty Heroes* und hielt eine Pistole an dessen kahlen Schädel. Dann knallte es zum fünften Mal. Ich spürte etwas Warmes auf meinem Gesicht. Als ich über meine Wange strich und meine Hand ansah, wurde mir klar, dass es Blutspritzer waren.

Ich spürte die Wärme meines Urins an meinem Hintern. Der Wind blies mir kalt in den Nacken. Ich schaute auf eine Tanne, deren Äste vor mir im Wind schwangen, um mich zu vergewissern, dass ich noch lebte. Vadzlav steckte seine Knarre in die hintere Hosentasche und kam auf mich zu. Er zündete sich eine Zigarette an und sagte: „Wir leiten das Ganze jetzt. Die Geschäftsleitung weiß Bescheid. Du musst dich um nichts kümmern."

Ich öffnete den Mund und wollte etwas zu den Leichen sagen, die hier herumlagen, aber der große Russe wiederholte, was er gesagt hatte: „Du musst dich um nichts kümmern."

„Vadzlav", stotterte ich, „ich habe einen Fehler gemacht." Er lachte ein tiefes, russisches Lachen. „Nein, mein Freund. Du hast genau das Richtige getan. Du kannst nicht mehr zurück."

„Das meine ich nicht", sagte ich, „ich meine ..." Ich hörte ein Rascheln hinter mir. „Ich meine, nachdem du, ähh Sie ... sich nicht mehr gemeldet haben ..." Er zog eine Augenbraue hoch. „Ja?"

„Als ich nichts mehr gehört habe, da habe ich dem Asiaten Bescheid gesagt." Sein Blick wurde starr. Er schluckte. „Dem Asiaten?"

Dann hörte ich hinter mir das automatische Klicken, das ich aus dem Fernsehen kannte, von Krimis. Das Klicken, das zu hören war, wenn eine Schusswaffe entsichert wurde.

Es brauchte ungefähr fünf Versuche, bis ich den Schlüssel im Schloss versenkt hatte. Dann machte ich die Tür auf, ging schwankend in die Küche und machte mir einen Kaffee. Der Geruch war beruhigend. Irgendwo draußen ertönten Sirenen. Verdammt, dachte ich, unser Verein braucht einen neuen Sicherheitsdienst. Dann fiel mir Malte ein. Hatte der nicht einmal etwas von ein paar Italienern gesagt, die er kannte?

30. Spieltag – Der Poet II

trainieren,trainieren,trainieren,trainieren,trainieren
trainieren,trainieren,trainieren,trainieren,trainieren
trainieren,trainieren,trainieren,trainieren,trainieren
trainieren,trainieren,traiichren,trainieren,trainieren
trainieren,trainieren,tersticken,trainieren,trainieren
trainieren,trainieren,traiimeren,trainieren,trainieren
trainieren,trainieren,trsumpfen,trainieren,trainieren
trainieren,trainieren,traidesren,trainieren,trainieren
trainieren,trainieren,trainierens,trainieren,trainieren
trainieren,trainieren,trainieren,trainieren,trainieren
trainieren,trainieren,trainieren,trainieren,trainieren

31. Spieltag – Die Trauerfeier

Sehr geehrte Frau Kranz,
in diesen schweren Zeiten möchten wir Ihnen unser tief empfundenes Mitgefühl ausdrücken. Der plötzliche und für uns alle furchtbare Tod Ihres Mannes hat uns allen wieder einmal klar gemacht, wie unwichtig doch das Geschäft ist, in dem wir uns bewegen. Der gesamte Verein steht in dieser schweren Stunde hinter Ihnen. Ihr Mann hat einen unvergesslichen Anteil zur Erfolgsgeschichte des FC beigetragen. Ich bin heute durch die Räume der Geschäftsführung gegangen und habe auch die Spieler beim Training gesehen. Auf allen Gesichtern, die mir begegnet sind, habe ich tiefe Trauer wahrgenommen. Das Lachen in unseren Reihen wird auf lange Zeit verschwunden sein.

In diesem Zusammenhang möchte ich Ihnen auch versichern, dass Sie unsere vollkommene Unterstützung haben, was die brodelnde Gerüchteküche angeht. Dass Ihrem Mann posthum unterstellt wird, er habe die Leistung der Mannschaft mit unerlaubten Substanzen fördern wollen, finde ich ungeheuerlich. Noch schlimmer ist wohl die von der Presse lancierte Nachricht, sein Tod sei durch Banden, die den Handel mit solchen Substanzen betreiben, verursacht worden. Es ist unmenschlich, mit welchen Methoden die Sensationslust der Menschen befriedigt werden soll. Wir im Verein haben uns zusammen mit Ihrem Mann immer klar gegen jegliche illegale Praktiken ausgesprochen und die Zusammenarbeit mit kriminellen Subjekten stets abgelehnt. Wir werden mit Ihnen zusammen sämtlichen Lügen mit starker Stirn entgegentreten.

Frau Kranz, ich möchte Ihnen im Namen des Vereins noch einmal meine volle Unterstützung in dieser schweren Stunde zukommen lassen.

In tiefer Trauer,
Gottfried Steilker, Ehrenvorsitzender

P.S.: Eine kleine formale Bitte habe ich noch an Sie: In den Unterlagen Ihres Mannes müsste sich noch ein blauer Aktenordner befinden, der Interna über die Ablösesummen einiger Spieler enthält. Bitte lassen Sie uns doch diesen Ordner unbesehen auf schnellstem Wege zukommen, damit Sie für sich das Kapitel Arbeit abschließen und sich ganz der Verarbeitung der Ereignisse widmen können. Mit Dank, GS

32. Spieltag – Die Chemie muss stimmen

Er setzte sich vor den Fernseher, die Chips und das Bier bereit. Heute war sein Tag. Heute würde er alles zurückgeben, was er hatte einstecken müssen. Drago und Martin waren in die erste Mannschaft berufen worden und würden heute auflaufen. Ausgerechnet die beiden. Die ihn immer „Fetti" nannten und ihm den Ball um die Ohren schossen. Insbesondere dieser Drago hatte ihn immer beschimpft und die anderen gegen ihn aufgehetzt.

Gestern hatte er Überstunden gemacht. Direkt nach dem Gespräch mit der Geschäftsleitung. Auch seine fünfte Beschwerde war abgeschmettert worden. Es handelt sich um junge Spieler, Herr Kampe. Ist doch klar, dass die auch mal über die Stränge schlagen. Da müssen sie einfach auch mal Fünfe gerade sein lassen. Die Jungs brauchen ein Ventil.

Kampe wollte nicht das Ventil sein. Er wusste schon, dass er nur ein ausführendes Objekt war, aber er wollte trotzdem kein Fußabtreter sein. Aber das hatten die nicht verstanden. Sie hatten ihm auf die Schulter geklopft und von vorzeitiger Verrentung gesprochen und dass man die Kirche im Dorf lassen müsse.

Und dann hatte er Überstunden gemacht. Auf das Phosphorpulver war er zufällig gestoßen. Fördert das Wurzelwachstum. Er machte den Rasendünger seit Jahren selber. Mit Chemie kannte er sich aus. Und nach dem dritten Gespräch mit der Geschäftsleitung hatte er angefangen, den Phosphor zu kochen. Direkt unten im Geräteschuppen hinter den Spielerkabinen. Mehrstündiges Erhitzen unter Luftausschluss bei 250 Grad. Und wenn er zusah, wie der weiße sich in roten Phosphor verwandelte, dann beruhigte sich sein gedemütigtes Gemüt langsam. Mit der Zeit kochte er regelmäßig – noch ohne Hintergedanken. Einfach als Entspannung, wenn ihn die Jungs wieder zur Zielscheibe auserkoren hatten. Das Kaliumchlorat hatte er sich in Holland besorgt, wo man es noch als Unkrautvernichtungsmittel verkaufte. Niemand hatte Verdacht geschöpft. So ein Rasen musste ja gepflegt werden. Und das hatte er jahrzehntelang gemacht. Nur dass es ihm keiner gedankt hatte. Aber sie würden bald an ihn denken, dachte er.

Als er den Fernseher anschaltete, fragte er sich, ob sie schnell auf ihn kommen würden. Dann würde er endlich auch mal in den Nachrichten stehen. Die ganze Nacht hatte er im Schuppen und auf dem Rasen verbracht. Heute Morgen hatte er die Linien noch einmal nachgezogen. „Sehr sorgfältig", hatte der Meier aus dem Trainerteam anerkennend genickt. Der hatte ja keine Ahnung gehabt.

Roter Phosphor und Kaliumchlorat – das ergab die sogenannte Armstrongsche Mischung. Er wusste zwar nicht, warum die so hieß, aber stellte sich gerne vor, dass die Mischung der Zündstoff für die erste Mondrakete war. Es würde auf jeden Fall ein helles Feuerwerk geben.

Kurz bevor das Spiel angepfiffen wurde, ploppte er mit dem Öffner die erste Bierflasche auf. Ehemalige Fußballgrößen warben für ein Wettunternehmen, bei dem man auf mehr als nur das Ergebnis tippen konnte. Das wäre eine Wette, dachte er, in welcher Minute es zur Reaktion kommen würde. Die Mischung reagierte auf Druck oder Bewegung.

Dann wurde das Spiel angepfiffen. Zunächst war es ein langweiliges Hin- und Hergekicke. Standfußball. Er sah, wie Drago sich mit eingeübtem Griff die gegelten Haare nach hinten strich.

Vielleicht hätte ich es besser doch nicht tun sollen, dachte er. Vielleicht ist es doch ein wenig übertrieben. Auch wenn sie mich die ganze Zeit fertiggemacht haben. Aber auf dem Platz, da wirken sie professionell. Nett sogar.

Nach zweiunddreißig Minuten wurde ein langer Pass steil in die Mitte gespielt. Sühlke spielte den Ball nach außen, wo Stanciu losmarschierte. Von der Seite kam einer der Verteidiger angerauscht und rutschte dem Flügelstürmer in die Seite. Beide schlidderten über die Seitenlinie. Kampe stand von seinem Fernsehsitz auf. Dort hatte er das Pulver in doppelter Stärke ausgestreut. Es gab eine Zehntelsekunde, in der er gebannt auf den Bildschirm starrte, wartend, halb verzückt und halb verängstigt. Und dann kam die Reaktion. Die Linie, die eben noch unschuldig ihre Grenzaufgaben erledigt hatte, fing an zu glühen wie eine Wunderkerze. Die kalten, hellen Lichtkristalle breiteten sich auf der Line aus bis innerhalb von kürzester Zeit die ganze Spielfeldmarkierung leuchtete. Aber das leise knisternde Feuer wanderte weiter. In kleinen Bahnen breitete sich die Zündflamme weiter aus und während die erschrockenen Spieler zur Seite auswichen, wenn sie über einem glühenden Streifen standen, wurde das Stadion aus der Vogelperspektive auf den Bildschirm des Zuschauers gebannt. Zunächst war unklar, was das Spektakel sollte, und es schien, als seien die Zuschauer im Stadion kurz davor, in eine Massenpanik auszubrechen. Doch dann sah man in der Mitte des Feldes einen deutlichen Schriftzug, der in heller Anklage flimmerte: „Drago stinkt."

Der Rasenpfleger lehnte sich zufrieden nach hinten und öffnete sich noch eine Bierflasche.

33. Spieltag – Familientag

„Nein, ihr kommt bitte nicht ins Stadion!"

„Aber Thorben. Wir hatten das doch besprochen. Es ist Familientag. Das letzte Heimspiel und alle Familien ..."

„Wir hatten das nicht besprochen. Ihr habt das gesagt. Immer wenn ihr irgendetwas sagt, behauptet ihr hinterher, wir hätten das besprochen. Feiner Trick, zieht aber nicht mehr bei mir."

„Mein Pferdchen, du redest ja fast so, als wollten wir dich hintergehen. Wir wollen doch einfach nur bei dir sein und deinen Erfolg teilen."

„Das könnt ihr doch auch zuhause machen ..."

„Junge, du weißt doch, dass wir uns nicht vor den Strahlenkasten setzen."

„Das sind LED-Fernseher, Papa. Die strahlen nicht mehr, verstehst du? Das sind kleine Dioden, die blinken."

„Pferdchen, sei nicht so naiv. Die strahlen sehr wohl. Da kommt eine ganz bestimmte Energie raus – das hatten wir doch auch besprochen. Hast du dich denn nie gefragt, weshalb die Welt verblödet? Mal ganz abgesehen von den Kondensstreifen am Himmel ..."

„Könnt ihr euch nicht verkleiden und in den Fanblock gehen?"

„Ich werde auf keinen Fall mein Regenbogencape zuhause lassen und ansonsten gehen wir in Weiß. Nur so können wir die ganze unreine Energie aus unserem Umfeld absorbieren. Das ..."

„... hatten wir ja schon besprochen. Oh Gott, merkt ihr eigentlich, wie verbohrt ihr seid in eurem ganzen Pseudo-Freiheitsdenken? Ihr seid zwanghafter als ‚Monk'. Hört mal, ich habe schon genug Ärger mit meinem Namen. Ich will nicht undankbar sein, aber ..."

„Wir haben dir gleich gesagt, du solltest deinen spirituellen Namen angeben. Dann hätte dich der gute Geist wahrscheinlich auch vor dieser Fahrt nach Brasilien bewahrt."

„Genau wegen dieser ‚Fahrt' nach Brasilien – es geht zur WM, Mama – ist es besser, wenn ihr nicht kommt. Ich muss nämlich gut sein morgen. Und dazu muss ich mich konzentrieren können. Und deswegen wäre es besser, wenn ihr nicht irgendwo auf den Rängen sitzt und die Familien meiner Kollegen zu bekehren versucht."

„Wenn du dich konzentrieren musst, Junge, dann gebe ich dir einen Amethyst mit. Am besten einen für die Hose und einen um den Hals. Und wir werden heute alle eine blaue Pyramide visualisieren und ..."

„Nein, werden wir nicht. Wir werden nicht chanten, wir werden nicht beten, wir werden keine Kristalle auslegen und keine Anrufung machen. Wir werden schlafen. Beziehungsweise, ich werde schlafen, und zwar bei Musti."

„Das kannst du, Windpferdchen. Und wir werden morgen auch nicht ins Stadion gehen, nicht wahr Merlin?"

„Aber, ... was? Ah, ja, natürlich, Luna."

„Hört auf. Ich habe gesehen, wie du Papa zugezwinkert hast, Mama. IHR KOMMT NICHT."

„Mein Windpferdchen."

„Junge ..."

„Er ist so angespannt, Merlin. Komm, wir befragen die Runen, was zu tun ist."

„Und dann rauchen wir ein bisschen Peyote."

„Du immer mit deinem Kaktus."

„Ich sag' ja nur."

34. Spieltag – Meisterschaft

Der kleine Ober setzte das Glas mit solchem Schwung auf der makellos weißen Tischdecke ab, dass der rote Wein sich noch lange in verzweifelten Wellen gegen die Rundungen des Kristalls drückte. Der Mann im grauen Anzug betrachtete die langsam schwächer werdenden Tiden mit aufmerksamem Interesse. Er hatte das Gefühl, dass dieses Bild irgendeine Bedeutung hatte, kam aber nicht auf ihre Spur, was ihn allerdings auch nicht weiter störte – zu gut war seine Laune.

„Möchten Sie jetzt etwas zu essen bestellen?" Er hatte den Mann mit der schwarzen Fliege, der neben ihm stand, schon fast vergessen und überlegte für einen Moment, ob er ihn und seine Familie mit einem Fluch belegen sollte, da er ihn aus seinen angenehmen Träumen gerissen hatte, entschied sich dann aber in einem Anfall von außergewöhnlicher Milde dagegen – eine Milde die allerdings vom Gedanken am kommenden Untergang des Großteils der menschlichen Rasse genährt wurde.

„Nein, ich warte noch auf einen ... Freund. Er sollte gleich kommen. Lassen Sie die Karte bitte hier."

Der Mann im grauen Anzug achtete nicht mehr auf die Reaktion des Kellners, sondern schaute sich im Speiseraum um. Er saß in der Ecke eines Saales, dem vom Besitzer durch die Kronleuchter, die weißen, gestärkten Tischdecken, die Kerzenhalter auf den Tischen und die Stuhlhussen ein gewisser edler Anstrich verpasst werden sollte. Der Mann in Grau wusste aber auch, dass die besten Tage dieses Edelitalieners vorbei waren. Beleg dafür war der etwas unpassende laufende Fernseher am anderen Ende des Saales, der das wahre Niveau des Besitzers offenbarte. „Die Krone der Schöpfung", flüsterte der Gast mit zynischem Ton.

Wie auf Zuruf kam ein anderer Mann in den Speisesaal. Er wirkte älter und mit weniger Geschmack ausgestattet, als der schon Sitzende, dessen Gehstock mit silbernem Knauf am Tisch gelehnt stand. Sein braunes Jackett hatte aufgesetzte Lederflicken an den Ellenbogen und seinem karierten Hemd fehlte ein Knopf in der Mitte. Schlohweißes Haar stand in jede Richtung von seinem Kopf ab und seine Augen, die hektisch umherblickten, hatten dunkle Tränensäcke. Endlich sah der Neuankömmling den schon Wartenden und eilte zu dessen Tisch.

Die Begrüßung fiel kurz aus. „Ich habe es nicht gefunden. Die haben den Namen geändert."

„Vielleicht wolltest du auch gar nicht kommen?" Daraufhin blickte der Weißhaarige sauertöpfisch auf die befleckte Tischdecke. „Wir müssen noch einmal reden, Lucifer. Das kannst du nicht ernsthaft von mir verlangen. Es geht um die Menschheit."

Das Lächeln seines schlanken Gegenübers wurde breiter. „Es ist eine Wette, mein Lieber. Das hättest Du Dir vor 150 Jahren überlegen sollen. Und ganz davon abgesehen, bist Du Dir wirklich sicher, dass diese Spezies überleben soll? Vielleicht wären Schildkröten eine bessere Wahl."

Sie wurden vom Auftauchen des Kellners unterbrochen, bestellten und blickten auf den gegenüberliegenden Bildschirm.

„Gleich kommen die Nachrichten", freute sich der Mann mit dem kantigen Gesicht. Gott regte sich nicht.

„Schau dich um, alter Freund. Wir sitzen in einem Speiselokal. Hier sollten die Menschen feiern, dass sie von dir mit allem versorgt werden, was sie benötigen. Aber sieh dich um. Willst du diese Wesen etwa ernsthaft als die Deinigen bezeichnen?"

Der Ältere der beiden schaute sich im Saal um und sah eine Familie am Nachbartisch, deren Mitglieder allesamt auf ihr Handy starrten. Die Pizzen waren nur zur Hälfte gegessen und die Gedanken des Vaters, die für die beiden Betrachter aufgrund ihrer besonderen Fähigkeiten ein offenes Buch waren, kreisten um eine Geliebte, die er sich in einem Bett räkelnd vorstellte. Die Frau dachte an eine Beauty-Gesichtsbehandlung mit anschließender Massage. Auf der rechten Seite der beiden, am einzigen Fenster des Saales, saßen zwei ältere Herren, die stumpf vor sich hin schwiegen. Vor ihnen tat sich eine ganze Batterie an Gläsern auf, Bier und Korngläser, allesamt geleert. Neben der Tür, durch die der Ober mit gekonntem Schwung das Essen für die beiden Beobachter brachte, saß ein junger Kerl in Trainingshose und eng anliegendem T-Shirt, der unablässig auf seinen sich durch Anspannung verschiebenden Bizeps starrte. Im Kontrast zu der Innigkeit, mit der er sich betrachtete, war der Ausdruck auf seinem Gesicht völlig emotionslos, so als sei er ein älterer Bruder, der mit seinen Geschwistern spielen müsste.

Die Flecken der Spaghettisauce ergänzten die Rotweinflecken auf dem Tischtuch, doch der Mann mit dem Spazierstock betrachtete erfreut die beginnenden Nachrichten, die vom LED-Gerät, dem einzigen modernen Gegenstand im Raum, flimmerten. Ein Mann blickte freundlich in die Kamera. Bei dem Älteren bildeten sich Schweißperlen auf der Stirn.

Gott hatte alles gegeben. Seine Engel hatten Schrecken in die Welt gesät, auch wenn sein Sohn ihn dazu erst hatte überreden müssen. „Vater, es geht um viel", hatte er gesagt und dass der Zweck die Mittel heilige. Das hatte Gott dann auch eingesehen. Er hatte das Ebolavirus über Westafrika verteilt und in Afghanistan einige Schlammlawinen ausgelöst, die Tausende das Leben kosteten. Das musste doch reichen. Das musste doch das Mitgefühl aller ansprechen.

„München. Deutscher Fußballmeister in diesem Jahr ist ..."

Es war spät, als Gott, alleine am Tisch sitzend, die Rechnung verlangte. Draußen hatte sich der Himmel verdunkelt, obwohl die Sonne erst spät unterging. Der Betrag auf der Rechnung war zu hoch, aber Gott scheute die Auseinandersetzung mit dem Kellner, die ihn vielleicht wieder ein bisschen weiter in die zynische Verbitterung, die sein Gegenspieler ausstrahlte, treiben würde. Er wollte seine Schäfchen weiter lieben, auch wenn die meisten von ihnen bald eine böse Überraschung erleben würden. Verdammte Wette! Welcher Wahnsinn hatte ihn zu diesem Handel getrieben? War er zu hochmütig gewesen? Nein. Siehe, es war gut. Das stimmte noch immer. Die Menschen waren nicht schlecht, nur weil sie abgestumpft waren. Sie mussten einfach noch lernen. Immer weiter und immer mehr.

„Ober, ich nehme noch einen Aquavit. Linie. Und Sie können sich auch einen genehmigen, wenn Sie möchten."

Finale – Maracanã

Eine stickige Hitze lag über dem Stadion. Schon den ganzen Tag hatte eine schwelende Dunstglocke die Stadt im Griff gehabt und neben endlosen Schweißausbrüchen auch zu einer gespannten Stimmung geführt. Es schien, als lägen nicht nur die Nerven der Mannschaft blank, sondern auch, als wären die Menschen auf den Straßen kurz davor durchzudrehen. Das Team war mit dem Bus durch die engen Straßen Rios gefahren – oder eher geschlichen, so voll war die Stadt gewesen. Auch der vom Hotel zur Verfügung gestellte Führer, der ein paar Abkürzungen kannte, hatte eine Anreise von über drei Stunden nicht verhindern können. „Das nächste Mal fahren wir mit der U-Bahn", hatte er gescherzt und erklärt, dass das Maracanã eine U-Bahn-Station direkt unter dem Stadion hätte.

Der Trainer marschierte mit seinem Dauergrinsen im Bus auf und ab wie ein Duracell-Häschen. Doch Marius konnte diesem vorhersehbaren Optimismus nichts mehr abgewinnen. Vor der Abfahrt hatte der Trainer ihm mitgeteilt, dass er nicht in der Startaufstellung stehen würde. Madi, der zwei Reihen hinter ihm saß, hatte die ganze Zeit ungläubig auf einen Brief, den er wohl von seinem Verein bekommen hatte, gestarrt und mit dem Kopf geschüttelt. Und draußen stritten sich die Leute: Obsthändler mit Kunden, Fußballfans mit Lokalbesitzern, Autofahrer mit Fußgängern. Irgendjemand hatte im Bus etwas von einer sich im Land ausbreitenden Seuche erzählt, doch nach einem ermahnenden Blick des Trainers herrschte Stille. Für heute war Kontaktsperre ausgesprochen worden. Kein Internet und keine Nachrichten. War auch okay. Marius ging genug im Kopf herum. Wieder nur Ersatz. Dabei hätte diese WM sein großer Durchbruch werden sollen.

Das Maracanã war riesig. Es wirkte noch größer als beim Viertelfinale. Die Sonne waberte irgendwo hinter einem Dunstschleier und die Tropfen des Rasensprengers, der unentwegt seine Salven abfeuerte, schienen bereits in der Luft zu verdunsten, so heiß war es. Lag es daran, dass heute der Fußballweltmeister gekürt wurde oder gab es noch einen anderen Grund, dass die Spannung fast nicht zu ertragen war? Das Stadion füllte sich langsam aber stetig, deutsche Fans grölten, die Argentinier spielten tanzbare Rhythmen. Marius blickte auf das riesige Loch, das an der Ecke des Stadions aus dem Boden blickte, ein Schlangenschlund in Großformat. Pepe, ihr Reiseführer, hatte gemeint, dass der nie fertig gestellte Tunnel hinab führte zur U-Bahnstation. Er wirkte alles andere als einladend, auch wenn seine Tiefen zur Zeit angenehmen Schatten boten. Ein rot-weißes Absperrband hing schlaff vor der Schwärze des Eingangs und an beiden Seiten waren zwei beeindruckend große und breite Sicherheitsbeamte postiert, die ihre Arme verschränkt hielten. Der Trainer riss Marius aus seinen Gedanken. Besprechung hinten in der Kabine.

Als alle ihre Kopfhörer abgesetzt hatten, schaute der Trainer sie nacheinander an, indem er sich einmal im Kreis drehte. „Madi wird heute nicht spielen", sagte er mit bedeutungsvoller Miene. Die anderen blickten verwirrt zum Kapitän. „Was ist los? Er ist doch nicht verletzt ..."

„Nein, er ist nicht verletzt. Ich will nur so viel sagen: Anweisung von oben. Die offizielle Version lautet aber, dass er sich jetzt beim Aufwärmen verletzt, ist das klar?" Es gab Murren und Schimpfen, doch Marius grinste. Er schaute den Trainer erwartungsvoll an, doch als ob dieser wusste, was er hoffte, schüttelte er den Kopf. „Ecke wird seine Position einnehmen."

Das war gewagt. Ecke war nur einmal während des Turniers für die letzten zehn Minuten eingewechselt worden. Zugegeben, er hatte seine Sache nicht schlecht gemacht. Aber dies war schließlich ein verdammtes Finale. Marius nickte nur und ließ sich seinen Ärger nicht anmerken. Er presste die Zähne zusammen, sodass sich seine Kieferknochen abzeichneten. Aber er lächelte.

Er lächelte auch noch, als 100 Minuten gespielt waren. Die Argentinier waren besser. Das ganze Turnier über hatten sie nur Schrott gespielt, sich ins Endspiel geschummelt und nun waren sie drauf und dran die Deutschen, die die überragende Mannschaft der Weltmeisterschaft waren und den Gastgeber im Halbfinale abgekocht hatten, zu besiegen. Der Trainer setzte auf das Elfmeterschießen. Marius litt auf der Reservebank. Fast wäre der Kapitän in der 80. Minute ausgewechselt worden und Marius hatte sich schon Hoffnungen gemacht, doch der verdammte Held spielte auch mit einem Cut unterm Auge weiter.

In der 110. Minute spürte Marius den Blick des Trainers auf sich ruhen. Ein Nicken. Er machte sich kurz warm, lief am Spielfeldrand auf und ab.

Irgendetwas war auf den Rängen los. Auf der Gegengeraden schien ein Tumult auszubrechen und eine ganze Reihe von behelmten Polizisten marschierte auf. Marius konzentrierte sich auf das Geschehen auf dem Feld. Der Trainer kam zu ihm, legte den Arm um seine Schulter und flüsterte ihm ins Ohr: „Zeig der Welt, dass du besser bist als Cuccittini." Marius nickte nur. Alle liebten Cuccittini, den wohl besten Spieler der Welt, abgesehen vom portugiesischen Angeber, dem sie im ersten Spiel seine Grenzen aufgezeigt hatten. Er war nicht besser als Cuccittini und das wusste er und er wusste auch, dass der Trainer es wusste. Aber irgendwas in ihm regte sich wie ein Tier, das im Winterschlaf gelegen hatte und von einem Sonnenstrahl, der das Auge kitzelt, geweckt wird.

Er betrat das Spielfeld.

Das Stadion tobte, der Lärm war ohrenbetäubend.

Dann kam der unvergessliche Moment: Als die Mannschaft einen Angriff der Gauchos abfing und der Ball zu Schürre auf der linken Seite gespielt wurde, sah Marius zum ersten Mal das ganze Ausmaß des Chaos auf den Rängen. Er stoppte abrupt. Dort, wo der Tumult ausgebrochen war, inmitten der Südtribüne, saß niemand mehr auf den Sitzen. Es lagen nur ein paar Fahnen und Schals auf dem Boden und, Marius kniff die Augen zusammen, weil er nicht glauben konnte, was er sah: leblose Körper. Auf dem Spielfeld war alles wie eingefroren. Die Spieler beider Mannschaften und auch das Schiedsrichterteam blickten in das große Rund. Nur Acki hatte sich nicht um den Wahnsinn, der sich um sie herum abspielte, gekümmert, den Ball ins Tor der Argentinier gehämmert und die Arme hochgerissen. Dann sah auch er nach oben.

Es herrschte Chaos und Panik. Die Zuschauer waren nicht mehr unterteilt in Anhängerschaften der beiden Länder, sondern in Menschen, die verfolgten, und in Menschen, die um ihr Leben rannten oder kämpften. Marius sah Fans, die ihre Mäuler weit aufgerissen hatten und brüllten, bevor sie sich wild umblickten und ihre Nachbarn anfielen. Andere kauerten auf dem Boden, während sie von zahllosen Verrücktgewordenen festgehalten und in Stücke gerissen wurden. Er blickte um sich und sah, wie seine Mitspieler zum Kabinengang rannten. Die Trainerbank glich einem Boxring. Betreuer und Trainer kämpften mit tollwütigen Sicherheitskräften, die sich auf sie gestürzt hatten. Ein Polizist hatte mit einer automatischen Waffe in die Menschenmenge gefeuert, die sich dem Ausgang näherte und sprang auf die Niedergemähten, um sich mit seinen Zähnen in ihnen zu verbeißen. Innerhalb von wenigen Minuten war aus dem Fußballfest ein Höllenfest geworden, ein apokalyptischer Albtraum. Es gab kein Entrinnen. Er schritt fassungslos über das Fußballfeld, um ihn herum liefen schreiende Menschen, Fans, Spieler, Reporter. Auf einmal stand er vor ihm: Cuccittini. Mit seinen traurigen Augen blickte ihn dieser hilfesuchend an. Marius wollte nicht sterben, nicht jetzt, nicht hier und vor allem nicht so. Da kam ihm eine Idee. Hinter dem Starspieler der Argentinier sah er das schwarze Loch – den nicht fertig gestellten Tunnel, der zur U-Bahn führte. Er griff Cuccittini am Ärmel und zog ihn mit sich. Dort, wo es in die Dunkelheit ging, war kein Mensch zu sehen. Nur einer der beiden Sicherheitsmänner stand bedrohlich vor dem Eingang und blickte sich um wie ein Raubvogel, der auf Beutesuche ist. Marius zeigte auf das schwarze Loch, die Treppen, die in die Tiefe führten. Cuccittini sah ihn zweifelnd an, als eine irre lachende Frau mit blutverschmiertem Gesicht auf sie zu gerannt kam. Wild entschlossen und kampfbereit bückte sich Marius und rammte ihr seinen Kopf in den Magen. Sie fiel um und stöhnte, fixierte die beiden aber mit ihren unmenschlich blitzenden Augen erneut. Nun brauchte Cuccittini keine Aufforderung mehr. Sie rannten beide auf den Ausgang zu. Vor ihnen verteilten sich Bälle auf dem Beton hinter dem Spielfeld. Der Riese hatte die beiden erblickt und drohend seine Arme erhoben. Cuccittini visierte im Laufen einen der vor ihm liegenden Bälle an und schoss. Doch er verfehlte den Mann, der sie davon abhielt, in die Sicherheit des Schachtes zu gelangen, um ein paar Zentimeter. Der Riese lachte, während er langsam schreitend auf sie zukam. Ohne zu zögern lief Marius auf den letzten verbliebenen Ball zu und zog ab. Der Ball flog gerade, kein Schnitt, keine schöne Kurve, sondern ein kalter, harter Strich. Er traf den Kopf des Riesen mit voller Wucht, so dass dieser nach hinten wegklappte und vom Torso des Mannes abgerissen wurde. Noch während der Körper bedrohlich vor dem Eingang stand, kullerte der Kopf die weißen Treppen hinab. Marius und Cuccittini schauten sich an. Dann folgten sie in die Tiefe des Schlunds. Marius blickte sich um.

Trotz der gelungenen Flucht fühlte er sich leer. Zwar hatte er der Welt gezeigt, dass er besser war als Cuccittini, aber die Welt gab es nicht mehr.

Widmung und Danksagung

Dieses Buch widme ich meinem Vater, der mich in die Welt des Fußballs eingeführt hat. Ich erinnere mich an rauchgeschwängerte Sommernachmittage im Wohnzimmer, als wir Kinder mit großen Augen die fluchenden, johlenden und biertrinkenden Männer am Tisch anstarrten. Und an kalte Sonntagmittage, die wir im kleinen Göttinger Maschparkstadion oder dem größeren Jahnstadion verbrachten, wo Fußball hauptsächlich dazu diente, seinen wöchentlichen Motzbedarf zu stillen und keineswegs das schöne Spiel zelebriert wurde. Fußball war rauh und dennoch unschuldig und auch irgendwie ehrlicher, als noch Kurt Pinkall, Lothar Sippel und später Jan Schindelmeiser (der eigentlich viel zu gut für Göttingen 05 war) über den Platz stürmten. Fußball war gelebte Männerkultur, die hauptsächlich darin besteht, irgendetwas Sinnloses zu tun, oder noch besser, an etwas Sinnlosem teilzuhaben, ohne etwas tun zu müssen. Den damaligen Fußball zu etwas Wunderbarem zu verklären, wäre übertrieben, aber er hatte definitiv eine entspannende Komponente, die ihm heute irgendwie abhandengekommen ist.

Als ich angefangen habe, zu schreiben, habe ich immer geglaubt, alleine ans Ziel kommen zu können. Dies ist, neben dem Glauben, das Geschriebene müsse perfekt sein, der zweite große Irrtum, was das Schreiben anbelangt. Viele Menschen haben dazu beigetragen, dass das Buch so geworden ist, wie es ist. Besonders danken möchte ich: Meiner Frau, Yvonne, Jörg, Matthos, Ralph, Volker und auch allen anderen, die mir geholfen haben.

Der Autor

Konstantin Josuttis, geboren 1966 in Simmern im Hunsrück, kam früh mit Fußball in Kontakt, verliebte sich in den ästhetisch gesehen eher unliebenswerten Göttingen 05, in schimpfende Männer mit Hüten und Bundfaltenhosen auf steinernen Tribünen, in verrauchte Wohnzimmer und Kneipen und ist letzten Endes von seiner ersten großen Liebe, trotz einer zwischenzeitlichen Auszeit in den Wirrungen der Pubertät, niemals weggekommen. Da es bekanntlich auch wichtige Dinge im Leben gibt, hat er verschiedene Bücher zu verschiedenen Themen geschrieben, unter anderem eine Fantasytrilogie, eine Fabelsammlung und einen dystopischen Roman. Ansonsten geht es ihm aber gut. Er lebt mit seiner Familie in Freiburg im Breisgau, einer Stadt mit ästhetisch gesehen sehr liebenswertem Fußball.

Eine nostalgische Zeitreise

Klaus-Hendrik Mester
Vom Stadion zur Arena
Wenn Herz und Seele verschwinden – eine Hommage an alte Pilgerstätten deutschen Fußballs

176 Seiten, Klappenbroschur

Arete Verlag
ISBN 978-3-942468-73-2
19,95 € inkl. MwSt.

Während die modernen Fußballarenen auf der grünen Wiese den Zuschauern zwar viel Komfort bieten, aber in ihrer einheitlichen Architektur kaum voneinander zu unterscheiden sind, sahen die Stadien bis zur Jahrtausendwende noch ganz anders aus: Sie waren zumeist Betonschüsseln mit markanten, weithin sichtbaren Flutlichtmasten, einer Laufbahn um das Spielfeld und vor allem großen Stehplatzbereichen, in denen die Fans ihre Leidenschaft ausleben konnten.

Klaus-Hendrik Mester spricht mit Fans über ihre Erinnerungen an die großen Stadien wie das Frankfurter Waldstadion, das Parkstadion auf Schalke oder das gigantische Zentralstadion in Leipzig. Er besucht aber auch kleinere, heute verschwundene Kultstätten wie den Gladbacher Bökelberg, das Stadion an der Essener Hafenstraße oder das Stadion Donnerschwee in Oldenburg.

Mesters Ausflüge und über 140 Fotos führen uns in eine Fußball-Welt zurück, in der Bratwurst, Bier und die „heiße Florida" noch mit Bargeld und nicht mit einer Chipkarte bezahlt werden konnten.

Von der Deutschen Akademie für Fußballkultur nominiert zum „Fußballbuch des Jahres 2017"!

„Gibt es nichts zu meckern? Doch! Das Buch ist zu dünn! Es müsste 300 Seiten haben! Mehr, bitte noch mehr! Noch mehr Stadien, noch mehr Fotos! Noch mehr Anekdoten!" (Marco Bertram, turus.net)

Arete Verlag • Osterstr. 31-32 • 31134 Hildesheim • www.arete-verlag.de

Thatcher, Tupperware und Abstiegsangst

Preisgekröntes „Believe in the Sign" erstmals auf Deutsch erschienen

Mark Hodkinson
Believe in the Sign
Eine Fußballjugend in Nordengland

192 Seiten, kartoniert

Arete Verlag
ISBN 978-3-942468-10-7
12,95 € inkl. MwSt.

Believe in the Sign beschreibt eine gottverlassene Ecke Englands, in der nichts los ist – und doch alles passiert. Es sind die Erinnerungen eines normalen Durchschnittsjungen, der halbwegs glücklich aufwachsen könnte, wenn er nicht einer perversen Leidenschaft erlegen wäre: der masochistischen Hingabe an den hoffnungslosen Fußballclub AFC Rochdale, der seit 35 Jahren ununterbrochen in der vierten Liga, der „Rochdale Division" spielt. Schlaglichtartig wird das Aufwachsen in den 1970ern and 1980ern beleuchtet: verrückte und traurige Kinder aus zerbrochenen Familien, jugendliche Absturzparties und Pubschlägereien, lange existenzielle Märsche entlang der Autobahn, Elton Johns Auftreten mit de, FC Watford. Draußen schleicht sich unterdessen die Zukunft ein: die Fabriken schließen, die Supermärkte schießen aus dem Boden, Schulabgänger hängen herum und die Mütter halten Tupperware-Parties, um irgendwie die Raten für den ersten Farbfernseher zusammenzukratzen. Und der AFC Rochdale verliert auch das nächste Heimspiel …

„*Hodkinson is the authentic voice of the real football fan – Hornby is a relative lightweight in comparison.*" (4-4-2 Magazine)

„*Hodkinson schneidet Fußball und Leben schnell und gekonnt gegeneinander*" (11 Freunde)

„*Bislang habe ich ‚Fever pitch' verschenkt, wenn ich jemanden mit der wunderbaren Welt des Fußballfans vertraut machen wollte. Fortan werde ich ‚Believe in the Sign' verschenken.*" (Fußballglobus.de)

Arete Verlag • Osterstr. 31-32 • 31134 Hildesheim • www.arete-verlag.de